Wolfram Hahn

Aufschrei

Politische Gedichte für
Freiheit und Menschenrechte,
gegen Terror und Unterdrückung

C 2018 Wolfram Hahn

Verlag und Druck: tretition GmbH Leipzig

ISBN:
Paperback   978-3-7469-7777-5
Hartcover   987-3-7469-7778-2
e-Bok   978-3-7469-7779-9

Heute und morgen

*So lange das Ungeheuer „Krieg" bei den
Menschen lebt
und nicht vertrieben wird aus den Köpfen
und Herzen,
so lange nicht alles nur nach Macht und
Reichtum strebt,
sind Feindschaft und Kriege auf Erden
nicht auszumerzen.*

Gibt es noch Zukunft?

Du, Wahrheit, hast du gehört,
es wurde die Basis dir zerstört,
die jeder besaß: Das eigne Gewissen.
Es wurde uns von der Lüge zerrissen.

Du, Gerechtigkeit, hast du gehört,
es wurde die Basis dir zerstört.
Die Sucht ist es, nur noch dem eigenen Ich zu
dienen
und Wege zum Nächsten zu sperren und zu
verminen.

Du, Liebe, hast du gehört,
es wurde die Basis dir zerstört.
Die Herzen der Menschen funktionieren nicht
mehr,
mit Beton und Stacheldraht setzen sie sich zur
Wehr.

Du, Hoffnung, hast du gehört, es wurde die Basis
dir zerstört.
Kriege und Terror haben die Macht.
Dich haben Mord und Totschlag verlacht.

Du, Menschlichkeit, hast du gehört,
es wurde die Basis dir zerstört.
Noch könntest du Mensch sie dir neu erbauen.
Versuch deinem Gewissen zu vertrauen!

Hab vor der Wahrheit keine Not!
Teile mit Hungernden gerne dein Brot!
Vertraue vor allem stets auf die Liebe!
Sie ist der Motor, die Kraft, das Getriebe.
Beginne heute, verschieb nichts auf morgen,
denn nichts kannst du dir von der Zukunft borgen!

Die Macht und das Geld

(Macht besitzt man nicht – man wird von ihr besessen)

Und der Mensch liebt die Macht
und er liebt auch das Geld.
Was hat es gebracht
unserer ganzen Welt?

Die maßlose Gier
nach dem „immer noch mehr"
ist wie ein wildes Tier;
stets sind Schlund und Magen leer.

Doch das, was es scheißt
dieses Ungeheuer,
die Macht ewig preist. –
Schon lodern die Feuer.

Denn mit der Macht
und dem blinkenden Geld
wird heimlich gelacht
und der Reichtum gezählt.

Um beides zu mehren
und Konten zu füllen,
wird man versprechen und schwören. –
Schon hört man sie brüllen.

Dann blitzen die Waffen,
die starken Kanonen.
Macht werden sie schaffen,
nichts werden sie schonen.

Mit Fleiß wird gemordet
bei Tag und bei Nacht,
und das Geld wird gehortet
nach jeder Schlacht.

Mit Blut ward die Erde getränkt
Verletzte schrien und starben im Dreck.
Beine fehlten, die Arme verrenkt,
die Bäuche geplatzt, die Köpfe weg.

Was Wert hatte, wurde zusammengerafft
und sicher zum Reichtum gelegt,
um den Moloch zu stärken mit seiner Kraft,
die alles, was hindert, brutal zerschlägt.

So breitete sich dieser Krake aus
über unsere ganze Welt.
Waffen wachsen über sich selbst hinaus.
Was dabei zählt, sind Macht und Geld.

Es ist kein Besitzstand – die Macht.
Der Mensch wird von ihr besessen.
Immer neu sie den Hass entfacht,
zu wecken die bösen Interessen.

Man schickt neue Waffen in Länder,
wo gerade noch Frieden war.
Ruhm überhäuft den großen Spender.
Der stellt sich als Friedensfürst dar.

So entsteht dann weit und breit
aus der kleinen Glut der große Brand,
der immer nach mehr Waffen schreit.
Das Ende sind Tote und Trümmer im Land.

Durch den Fluch und die Nachgeburt der Kriege
erwachsen uns Panik durch Terror.
Banditen lernen von Mächtigen und deren Siege;
sie stell'n sich im eigenem Tod noch als Retter vor.

Mit Waffen wird es niemals gelingen,
den Krieg und den Terror zu besiegen.
Nie wird man mit Feuer Frieden bringen.
Doch werden einst Macht und Geld unterliegen?

Ich träumte davon, dass keiner mehr
Waffen bedienen würde.
Keine Generäle gab es, kein starkes Heer,
denn tragen wollte keiner die Bürde.

Endlich schmiedete man aus Schwertern
Pflugschare;
Kanonen goss man zu wohltönenden Glocken;
Bomben wurden zur unverkäuflichen Ware,
und die Reichen hatten die Kröten zu schlucken.

Noch ist es heute ein schöner Traum,
vielleicht aber morgen schon Neubeginn.
Verspottet heute als flüchtiger Schaum,
vielleicht morgen das Leben mit tiefem Sinn.

Mein Traum vom Frieden

Ich träumte vom Frieden,
doch zahlreich waren die Kriege auf Erden.
Granaten und Bomben fielen auf Unschuldige,
Kinder starben qualvoll durch Giftgas
oder unter den Trümmern, die alles bedeckten.
Krankenhäuser wurden zu unmenschlichen Zielen.
Viele wurden als Kriegssklaven verschleppt
und mussten lernen ihre Brüder zu töten.

Ich träumte von Freiheit
doch es wurde verfolgt und gefoltert.
Machtsüchtige, vom Narzissmus besessene,
verboten im Lande jegliche Opposition
und ließen sich feiern für ihre Lügenparolen.

Ich träumte von Gerechtigkeit
doch die Schere zwischen Arm und Reich
öffnete Ihr riesiges Maul immer noch weiter.
Die Macht lebte begierig zwischen den Speckseiten
der Reichen.
Volkes Meinung war nicht mehr gefragt.

Ich träumte von solidarischer Hilfe für die
Bedürftigen,
doch mit brennender Hitze kam Not in viele
Länder.
So viele Menschen verdursteten und mussten
verhungern.
Die Überlebenden zogen in elende
Flüchtlingsquartiere.
Auch hier wurde ihnen echte Hilfe nicht möglich.
Ihre Kinder wurden immer dünner und kränker.
Wehe den Schwangeren und den Alten, sie starben
vor Ort.

Ich träumte von der Liebe,
doch Hass und Streit nahmen stetig zu.
Giftiger Speichel floss aus ihren verzerrten
Mündern.
Jeder Tyrann erkannte nur sich und seine Rechte,
um allein zu entscheiden was gut ist, was böse,
wer Freund oder ein Feind ist in unserer Welt.

Ich träumte von Lebensqualität, doch es gab so
viele Bettler und Brückenschläfer.
Alle, die ein lebendes Herz besaßen, spendeten
gern. –

Aber es gab da auch die großen und festen Töpfe
der Macht,
in denen sich all das Gespendete auffangen ließ,
um es für ein persönliches Leben in Luxus zu
verdampfen.

Und so kannst du immerfort weiter vom Glück
träumen,
von dem hehren Worten Liebe, Freiheit,
Gerechtigkeit und Frieden.
Doch keiner der Mächtigen wird ohne Not seinen
Platz räumen. –
Wann endlich hat sich die Welt von den Bomben
geschieden?

Hinter tausend Schleiern lebt die Wahrheit

Hinter tausend Schleiern
blickt die Wahrheit scheu hervor,
sie wird schreien und beteuern,
dass sie versinkt in Schlamm und Moor.

Lügen und viele Versprechen,
Propheten mit lautem Geschrei,
Korruption und das Verbrechen,
ist uns ein schlimmes Vielerlei.

Auch blutige Kriege in der Welt,
sie wuchern auf rücksichtsloser Lüge;
bringen den Großen Reichtum und Geld,
den Kleinen Granaten in die Wiege.

Wer könnte von uns die Schleier heben,
und die Wahrheit aus dem Nebel führen?
Es wird nicht gelingen ohne Wehen,
doch alle würde die Wahrheit zieren.

Manche würden danach verzweifelt sein,
da ihre Macht und die ganze Lüge,
sie lebenslang umgab als gold'ner Schein,
nun einholt als Anklage und Rüge.

Dann lacht die Wahrheit und lacht unser Herz.
Neu schenkt sie allen Hoffnung und Leben.
Lüge, sie würde verkommen zum Scherz.
Lasst uns gemeinsam die Schleier heben!

Das Leid der Kinder

Mein Herz ist voller Traurigkeit,
schaurig um uns all das Leid.
Macht und Geld sind fest vereint. –
Hungrig liegt ein Kind und schreit.

Marode Staaten brauchen Geld;
Europa baut ein Rettungszelt.
Genarrtes Volk, was kann man tun? –
Kinder unter Wellblech ruh´n.

Und neu erwachen Zorn und Wut.
Es lodert Feuer aus der Glut.
Schon sprechen Waffen und Gewalt. –
Ein Kind mit seinem Leben zahlt.

Gegen Not wird Geld gespendet,
wirklich hat es nichts gewendet.
Geld und Waffen sind ein Bund. –
Das Kind mit Aids wird nicht gesund.

Es marodieren wilde Banden,
jede Hilfe wird versanden.
Mord und Totschlag sind ein Paar. –
Sinnlos Kinderschreien war.

Es ist das Lied vom Hunger und vom Sterben,
vom Land, was brennt und muss verderben.
Ein Lied von Flucht und großer Not,
von tausendfachem Kindertod.

Noch wäre uns die Kraft gegeben,
nach Hilfe und Vernunft zu streben,
gegen Hass, Gewalt zu ziehen
für Menschen, die vor Bomben fliehen.

Zu besiegen ist der Drache,
der nur Waffen kennt und Rache.
Frieden könnte so dann siegen
und Mütter glücklich Kinder wiegen.

Das wahre Gesicht des Krieges

Stur und unversöhnlich ist sein Gesicht;
Wahn nach Macht und Reichtum aus ihm spricht.
Aus ihm wächst Intoleranz und menschliches Leid.
Keiner ist dann noch zu einem Handschlag bereit.

Nur wenig Zeit braucht es, bis alles brennt;
dann mischen sich Blut, Trauer und Elend.
Schon wuchern auf ihnen die Disteln der Rache,
auf dass sie die Sehnsucht nach Frieden verlache.

Darauf ist die Wut zum Äußersten bereit
und negiert den Schmerz und das viel fache Leid.
Menschen, die sich als Bombe opfern wollen. –
Sind diesen Wahnsinnstätern die Sinne verquollen?

Jetzt hat der Waffenhandel Hochkonjunktur.
Der Markt ist offen für den Freund und den Feind,
und keiner kennt und benennt die Handelsspur.
Die Waffenmafiosi sind dauerhaft fest vereint.

Menschenrechte verkommen so zur Parodie.
Unter Trümmern sterben Menschen, verhungern
in Not,
doch Waffengeschäfte laufen so gut, wie noch nie.
Wo gibt es da helfende Hände, wo gibt es Brot?

Immer „moderner" werden die Waffensysteme:
Tarnkappenjäger gegen die Spur vom Radar,
Raketenabwehr und viele andere Pläne.
Vakuumbombe, die gegen Verstrahlung war.
Zielsicherheit durch Infrarotautomatik,
Atomsprengköpfe, sie lauern im Hintergrund.
Ständig größer wird die Gefahr und Dramatik.
Versinkt unsre Erde in einem Feuerschlund?

Früher ging grimmig Mann gegen Mann;
heut feuern Raketen aus sicherer Ferne,
und Medien berichten darüber sehr gerne.
Entsetzt staunt man, was Hochmut ersann.

Das Verderben hat uns noch nicht ganz erfasst,
Schauer und Angst ergreift die ganze Menschheit.
Hat es uns vielleicht schon morgen überrascht?
Dann trägt das Leben nur noch ein Trauerkleid.

Die Toten werden mahnen, sie haben alles
durchlitten.
Zu spät folgen die Mächtigen mit Flehen und
Bitten.

Ist der Mensch wirklich dazu geschaffen,
lebend im Totenhaus der Kriege zu wohnen,
stets zu kämpfen mit den neuesten Waffen,
als wollt´ uns ein uraltes Erbe einholen?

Die Rüstungsspirale läuft, um uns zu lähmen.
„Um Krieg zu vermeiden, muss Stärke man
zeigen",
heißt es. Wer will sich da seiner Schwachheit
schämen? –
Werden die Menschen weiter nur dulden und
schweigen,
obwohl sie im Herzen den Frieden ersehnen?

Solange das Ungeheuer „Krieg" bei den Menschen
lebt
und nicht vertrieben wird aus allen Köpfen und
Herzen,
solange nicht alles nur nach Macht und dem
Reichtum strebt,
sind Feindschaft und die Kriege auf Erden nicht
auszumerzen.

Europa

Königliche Europa in griechischer Sage,
Erdgöttin und Schwester des Kadmos.
Einst entführt durch den großen Zeus
in der Gestalt eines Stieres
von Theben nach Kreta.

Taurus, der Stier und Ursus, der Bär:
Wappentiere der Börse und seiner Spekulanten.
Zeus vom Olymp als starker Stier
hatte Erfolg mit seiner schönen Europa.
Die vor der Börse, brüllen und heulen von der
Finanzkriese.
Eines der kleinsten Erdteile – unser Europa
mit nur 10,5 Millionen Quadratkilometer und 45
Staaten,
aber belebt mit 730 Millionen Einwohnern.
Mit langer und blutiger Geschichte ist es
gewachsen, dieses Europa:

Neandertaler, Völkerwanderung, die Germanen,
die Wikinger als Normannen,

das Römische Reich mit Caesar, Augustus und
Nero. –
Später dann Karl der Große,
Otto I. mit seinem Heiligen Römischen Reich,
der verheerende 30 Jährige Krieg bis 1648,
die Preußen, Aufstieg und Niedergang eines
Napoleon,
das Deutsche Reich usw., usw., usw..

Immer gab es nur Kämpfe zwischen Nord und
Süd, Ost und West
mit Zerstörungen, Plünderungen und
Unterwerfungen.
Kreuzzüge zur Christianisierung ganzer Völker
und dauernde Kämpfe zwischen Kirche und
Staat.
Kaiser und Könige wurden enthauptet oder
verjagt.
Revolutionen flammten auf, um die Welt zu
verbessern.

Demokratien, mühsam errungen und – wieder
zersprungen.
Unmenschliche Diktaturen ohne Achtung vor
Leben und Freiheit.
Weltkriege geführt mit unermesslicher
Grausamkeit;
in ihrem Schatten Berge von Toten, die nach
Vergeltung riefen.

Endlich – nach dem Leid einer langen
Erbfeindschaft –
Besinnung auf Frieden und Zusammenarbeit in
Europa.
Am 22.Januar 1963 unterzeichneten Adenauer
und de Gaulle den deutsch–französischen
Freundschaftsvertrag,
im Sinne von Elysium, dem Paradies, den
Elysee-Vertrag,
um aus Vergeltung Versöhnung entstehen zu
lassen.

Aus dieser Mitte erweckt: Die Europäische
Gemeinschaft
mit dem Wunsch, für Zusammenschluss auf Dauer.
Lange wurde gerungen und auf steinigen Wegen
gestaltet,
bis am 1. November 1993 mit der Ratifizierung des
Maastricher Vertrages
sich aller Mühe Lohn zeigte und Europa neue
Gestalt bekam:

Geboren wurde die Europäische Union mit heute
28 Mitgliedsstaaten.
In der Folge verloren die Schlagbäume plötzlich
ihre Bedeutung,

und Freihandelszonen entstanden für alle ganz
neu.
Geprägt wurde die Europäische Währung:
EURO und Cent.

Was die Großeltern mit vielen Schmerzen
erleben mussten,
die Eltern aber nur noch vom Hören und Sagen
kennen:
Furchtbare Kriege, unübersehbare Zerstörung
und bittere Vertreibung,
sie gibt es nun nicht mehr in dem vereinten
Europa.

Wann hat es solches vordem schon einmal
gegeben? –
Sicher, wir leben nicht auf dem Olymp bei Zeus
und der königlichen Europa;
wir sind Erdenbürger und keine Erdgötter aus
alter Sage.

Klug müssen wir handeln und wachsam
bleiben,
uns festigen und offen für andere sein,
damit keiner durch Reden oder mit Schwertern
unser Europa wieder zerstört.

Kassandraruf

Wutschnaubend kommt das Feuerross aus
dunkler Nacht.
Es wird die Pflanzen verschlingen und alles
Getier.
Der Mensch, zerrissen im Geist, er hat nicht
gewacht.
Zu spät erkennt er die Strafe für seine Gier.

Das Höllenfeuer aus Bomben und allen Rohren
ergießt sich als Wahnsinn über die ganze Welt.
Keiner bleibt bei diesem Feuer da ungeschoren,
und keinem nützt nun sein Reichtum und all sein
Geld.

Wo seid ihr Friedenstauben und ihr Ölzweige?
Ich sehe nur Geier und gierige Raben.
Mit ihrem Geschrei geht dann auch das Ende zur
Neige;
nichts bleibt von all dem, was wir uns nahmen.

Finsterste Nacht, sie breitet sich aus.
Strudel um Strudel vernichtet das Leben.
Asche fliegt in die Ewigkeit raus.
Wo sind wir Menschen? Wer wird uns vergeben?

Sinnfrage

Im Glücksgefühl der wirtschaftlichen Macht,
schon fast entrückt im Trance des Wohlstandes
wird all zu schnell verdrängt und oft auf Dauer
die Frage nach der Sinnbestimmung unsres
Lebens,
nach dem, was unser Auftrag ist in dieser Welt.

Verdrängt von immer steigenden Erfolgen,
steht diese Frage eines Tages wohl noch heftiger. –
Wer hätte nie versucht, die Luft zu halten
im Wettkampf mit den Freunden so lang´ es irgend
geht,
um plötzlich eilig dann, in höchster Not,
die Brust erlösend mit neuer Lebenskraft zu
füllen?

Schon lange hat man sich nicht mehr geschert
um all die Not der Menschen dieser Welt,
um rücksichtslosen Raubbau nicht gekehrt,
wenn es nur um die Macht, Gewinn und Wohlstand
ging,
um den Exzess brutaler Geistestötung,
um Gift und Rauch, um Krieg und Tod.

Es lebt sich wie in einer selbst verordneten
Narkose,
aus der es plötzlich ein Erwachen gibt. –
Und ringen wird der Mensch dann um die Luft,
da sie verdarb im Rausch der Macht, im Schein des
Glücks.
Das Wasser, es wird trübe und vergiftet sein,
da es verurteilt war, den Schmutz und allen Unrat
aufzunehmen.

Dann wird die Frage nach dem Sinn des Lebens
neu gestellt.
Sie wird in Zeitnot und mit Angst und Argwohn
vorgetragen.
War es zu spät, dann hat die Frage selbst sich
überlebt,
und Schall und Rauch war all der Wohlstand und
das Glück.

Sinn ist nicht der Augenblick im Leben.
Sinn, das ist der Weg auf dem wir gehen.
Sinn ist der Prozess, in dem wir aufgerufen sind,
die ganze Schöpfung für alle zu erhalten
und abzuwehren haben jedes Unrecht,
was Menschen Leid und unsrer Erde neue Wunden
bringt.

Trügerisch sind die Propheten unsrer Zeit,
die alles schon für sinnlos halten.
Sie haben ihren Sinn und ihren Weg bereits
verloren.
Wahr ist, dass Sinn bedroht und oft verletzt schon
wurde.
Es gilt besonders heute, unbeschadet dieser Not,
den festen Grund im Sinn und seinen Weg neu zu
entdecken und zu schützen.

Wird die Liebe siegen?

Ist es das Los der unzähligen Kinder,
zu hungern, zu frieren und dann zu sterben?
Traut nicht den tönernen Worten
der Wohlstandsverkünder!
Sie werden euch niemals etwas vererben.

Denn da, wo nur Macht und Reichtum zählen
und wo die Ärmsten noch ärmer werden.
Da, wo selbst Wasser und Brot noch fehlen,
kann es nicht Frieden geben auf Erden.

Statt vieler Worte sind Taten notwendig,
denn Armut bekämpfen nur offene Hände.
Nur in der Liebe bleibt Hoffnung lebendig;
nur sie löscht den Hass und die ewigen Brände.

Einst wirst du gefragt: "Was tatest du Gutes,
was tatest du ohne dich laut zu rühmen,
was tatest du gerne und frohen Mutes,
und gab es Erfolg bei deinem Bemühen?"

Nur Beute machen gilt dann nicht mehr.
Augen und Ohren sind nicht mehr verschlossen.
Die Hände der Ärmsten bleiben nicht leer,
und Öl wird in offene Wunden gegossen.

Dann endlich hat wohl die Liebe gesiegt,
die wahren Frieden den Menschen verkündet,
und Hoffnung dann stärker als Kummer wiegt. –
Wer ist es, der dieses Feuer entzündet?

Die Todessymphonie

So habt ihr es gewollt, ward für die Folgen blind.
Ihr singt das Klagelied der Todessymphonie
und spielt auf Instrumenten, grauenvoll
verstimmt.
Alles dröhnt um uns in eurer Disharmonie.

Was kümmert euch die übergroße Not in unsrer
Welt,
wo euer Terror eine breite Blutspur hinterlässt?
Ihr glaubt nur an brutale Macht und an den
Mammon Geld.
Bomben zünden, töten, Chaos stiften, das ist euer
Fest.

Wo ihr erscheint, schreit menschliches Gewissen.
Verbreiten werdet ihr nur Leid und Schrecken. –
In Zukunft wird euch keiner je vermissen,
da ihr es treibt wie schlimme, braune Zecken.

Einst werden alle Instrumente neu gestimmt.
Ein Mensch erhebt den Stab, er kennt das ganze
Leid.
Lauter als das Klagelied, dass jeder es vernimmt,
wird aufgeführt die Ode an die Menschlichkeit.

Erfolgreich sein
oder
die Sache mit dem Gewissen
und der Wahrheit

Es war einst ein Politiker,
der meint, er wäre doch schon wer
und könnt´ mit vielen großen Worten
erschließen Herzen sich und Pforten.

Jedoch blieb alles nur ein Traum,
weil viel zu hoch war jener Baum,
den er ersteigen wollte.
Zurück trat er und schmollte.

Drauf kam ein wirklich kluger Mann,
der für sich den Plan ersann,
sich einzusetzen jeder Zeit
für Wahrheit und Gerechtigkeit.

Doch wie jeder von uns weiß,
legt man die Wahrheit gern auf Eis.
Man übt sich lieber im Versprechen,
um diese später dann zu brechen.

Wo blieb da jener mit der Wahrheit?
Passt er sich an Gepflogenheit?
Nein, aufrichtig verließ er diesen Kreis
Und gab nicht sein Gewissen preis.

Es kam, wie jeder sicher ahnt:
Ein Folgemann den Weg sich bahnt.
Dieser fragt, bevor er spricht,
dass er die Tradition nicht bricht,
was er im Streit vertreten solle.
Stets spielt er prächtig seine Rolle.

Als jener ging und dieser kam,
Beifall im Saale man vernahm.
Man ahnte es und weiß Bescheid:
Meist dauert es nur kurze Zeit,
dass so ein Mensch dann stetig weiter
erklimmen wird die Führungsleiter.

Dann hört das Volk im Land die Kunde,
dass neuer Wahlkampf macht die Runde,
und jener, der einst nachgerückt,
verspricht und alle nur beglückt.
Als man die Stimmen später zählte,
war er der Mann, der Erstgewählte.

So schloss am Ende sich der Kreis;
für alle Menschen der Beweis,
dass der, der aufs Gewissen hörte,
schnell seine Laufbahn sich zerstörte.
Doch jenem, der versprach und log
und sich mit jedem Wind verbog,
es stetig nur nach oben zog.

Wem nicht viel an der Wahrheit liegt,
der ist's, der meist im Leben siegt.
Man weiß im Voraus schon Bescheid:
Die Wahrheit bringt Verdruss und Leid.

Wohin geht die Fahrt?

Was hat noch Bestand in unserem Leben
mit verordnetem Verzicht und Nullrunden?
Welche Steuern wird man noch erheben?
Täglich schmerzen uns die neuen Wunden.

Da, wo nur Arbeit, Fleiß und Hoffnungen waren,
da, wo man rechtschaffend hat Kinder erzogen,
bescheiden lebte, um fürs Alter zu sparen,
wird nur noch versprochen, gekürzt und gelogen.

Verkam das Solidarische in unserem Land,
um Krankes zu heilen und Schwaches zu stützen?
Eingemauert, im Egoismus verrannt,
wollen sich alle nur selbst noch nützen.

Müssen wir's dulden und weiter ertragen?
Sollen wir still halten und resignieren?
Nützt es denn, wenn wir die Täter anklagen,
die sich mit Recht und Gesetzen zieren?

Sie sitzen auf dicken Polsterstühlen,
und lassen mit Panzerscheiben sich schützen.
Vergaßen das Volk mit seinen Gefühlen.
Worauf können die Herren sich jetzt noch
stützen?

Schon gibt es gefährliches Wetterleuchten am
Firmament,
und aus der Ferne sind erste Donnerschläge zu
hören.
Wenn Blitze erst zucken und rings herum alles
schon brennt,
dann hilft euch kein Leugnen und auch kein
heiliges Schwören.

Drohen uns dann Verlust und der Untergang?
Gelingt es, die Sturzflut noch aufzuhalten?
Ist das nahe Rauschen schon Todesgesang?
Lässt es uns Hirne und Herzen erkalten?

Hört, Regulierer und Schleusenbediener!
Auch ihr sitzt am Ende im gleichen Boot.
Noch singt euch der Wohlstand glückliche Lieder.
Nützt er euch dann noch, wenn Untergang droht?

Waffen brauchen Kriege

All die Waffenarsenale
mit Raketen und den Bomben
für den Tod vieltausend Male,
ruh´n gut versteckt in Katakomben.

Sicher werden sie bewacht und Staub gewischt, die Lieben;
geprüft, gewartet und von hoch bezahlter Hand montiert.
Und stolz wird in das Tagesprotokoll geschrieben:
„Funktion und steter Einsatz, sie sind garantiert."

Man sagt, sie schaffen Sicherheit
im Bündnis und durch kluge Strategie.
Doch es verbreitet sich weltweit
die Angst: „So schaffen wir den Frieden nie!"

Gebaut mit höchster Präzision,
um eigne Kraft zu stärken. (?)
Garant für Arbeitsplatz und Lohn. (?)
Gefertigt in modernsten Werken.

Doch woher fließen Geld und Kraft,
um zu bauen diesen Wahnsinn?
Das Volk ist es, das diese „Werte" schafft;
sein Wirken ist stets der Beginn.

Das Arsenal gleicht einer Staatsbank.
Hier Waffen, dort das viele Gold.
Der Sicherheit sei Lob und Dank!
Zur Perversion ist bisher „Glück" uns hold.

Doch der eigenen Dynamik
ist nicht Einhalt zu gebieten:
Gekrönt wird wissenschaftliches Geschick
mit prachtvoll feierlichen Rieten.

Schon sichert man sich einen festen Markt,
als ob man Brot und Wein verkauft.
Kurz darauf schießt man sich tot und es wird wieder
fleißig eingesargt. –
Der Frieden währte nur ganz kurz und schon wird
wieder neu gerauft.

Da können Waffen endlich Waffen sein!
Sie dürfen auf Befehl jetzt töten ohne Ende.
Nicht länger brauchen sie in dem geheimen
Lagerschrein
nutzlos zu harren auf eine hoffnungsvolle Wende.

Es ist der moderne Kolonialismus unserer Zeit,
in der die Reichen für die Armen
mit einer freundlichen Gelassenheit
die Waffen liefern als den Sold für Hunger und fürs
Darben.

So werden die Ketten der vielen Kriege
mit den Waffen der Reichen fest geschmiedet,
damit sie kämpfen, erobern und siegen
und Gold sich zum Reichtum und Hunger zur
Armut füget.

Nein, es wird kein Sklavenraubzug durchgeführt,
es wird geschickt im sich'rem Hintergrund agiert.
Mit einem Management, dass Markenzeichen führt,
wird heute gleich an Ort und Stelle exekutiert.

Das Blut durchdringt der Erde dunklen Schoß,
und stets gebiert er dadurch neue Kriege. –
Zerschlagt den Teufelskreis und ändert dieses Los!
Verständigung und Toleranz, sie wären wahre
Siege.

Eisen der Schmerzen

O, lasst der Kriege fürchterliches Treiben;
Leid und Blut, sie mischen einen bitt'ren Trank.
Angst und Not, sie werden die Geschichte
schreiben
in den Zeiten voller Streitigkeit und Zank!

Wer bist du Mensch, dass du es wagst,
gewissenlos auf deinen Nächsten zu zielen
und später es dem Schicksal klagst,
dich später schuldlos an dem, was war, zu fühlen?

Einhalt zu bieten, gilt es sofort;
nicht morgen und auch nicht später,
jetzt und für alle an jedem Ort. –
Beschämen wir unsere Väter!

Ergreift das kalte Eisen
und entfacht ein großes Feuer!
Hört auf die alten Weisen
und durchglüht die Ungeheuer!

Schmiedet aus Schwertern Pflugschare,
aus Panzern baut starke Traktoren!
So habt ihr für künftige Jahre
euch glückliche Arbeit erkoren.

Aus Bronze gießt neu eure Glocken,
die man euch raubte für Kanonen!
Haltet nicht ein, seid unerschrocken!
Das Werk wird man euch ewig lohnen.

Es könnte dann Frieden geben,
wenn Menschen in ihren Herzen
vollziehen, was da zum Leben
entstand aus den Eisen der Schmerzen.

Little Boy

(„Little Boy" nannten sie die erste im Krieg durch die USA
eingesetzte Atombombe.)

Dreizehntausend Tonnen TNT
hatte Little Boy in seiner Macht.
Am 6. August 45 um 8 Uhr 15
hat er 140.000 Menschen den Tod gebracht.

Doch Hiroshima war nicht genug;
schon nach 3 Tagen wird Nagasaki anvisiert.
Erneut startet ein höllischer Flug,
der 70.000 Menschen in ein Inferno führt.

Der Bomber „Enola Gay" brachte dem Land
einen Hitzeschlag von über 6000 Grad,
eine nicht vorstellbare Druckwelle und Brand;
Verstrahlung, - bis heute Tod bringende Saat.

Viele der Opfer nicht mehr real, nicht zu bestatten.
Sie waren Staub oder dunkle Schatten auf Stein
geschrieben.
Was sie an menschlichen und kulturellen Werten
hatten,
nichts war nach den atomaren Schlägen für uns
geblieben.

Seit dem ruht an diesem Tag zur gleichen Zeit
im ganzen Land für alle Menschen das Leben.
Vereint sind sie mahnend in Trauer und Leid.
Sie entzünden Räucherstäbchen und legen
Blumen nieder.

Die große Glocke wird mehrfach angestoßen.
Millionen Menschen werden schweigend
gedenken.
Ströme von bitteren Tränen werden vergossen.
Ein Wunsch nur: Möge die Glocke uns Frieden
schenken!

Cyberkrieg

Die Kriege von heute scheuen den Aufwand mit
Waffen;
das Chaos ist schnell und sauber per Knopfdruck
zu schaffen.
Anonym, aus sicherem Funkversteck
schlägt man der Wirtschaft ein riesiges Leck.

Gelobte Sicherheit, längst ist sie veraltet;
per Mausklick wurde das E-Werk ausgeschaltet.
Die Heizungen fallen aus und alle werden frieren.
Not in den Krankenhäusern: Keiner kann
operieren.
Auch Notaggregate, sie stehen bald still,
nichts läuft jetzt mehr so, wie man es will.

Schon lange laufen Benzinpumpen nicht mehr,
hohl sind die Autotanks, es ruht der Verkehr.
Wasserleitungen veröden, sie bleiben leer.
Schienen verrosten, die Bahn fährt nicht mehr.

Beherrscht werden die Menschen von Durst und
Hunger.
Täglich vergrößern sich Leid und Kummer.

Selbst Geldautomaten sind stumm und geben
nichts raus.
Die Krise der Ratlosigkeit breitet sich aus.
Dunkelheit herrscht und Diebe ziehen ihre
Kreise;
sie arbeiten wie Ratten, effizient und leise.

Der Cyberkrieg ist angesagt.
Wer wird nun dafür angeklagt?
Veralten wird der Kampf um Abrüstung.
Ohne Erfolg blieb jede Verhandlung.
Der neue Krieg läuft ohne die alten Waffen.
Das Chaos ist heute schon per Tastendruck zu
schaffen.

Reichtum und Armut

Atmung, Puls und der Verstand,
sind nicht gesund in unserm Land.
Man denkt an Hilfe für die Großen –
zunächst an die mit Haifischflossen.
Die Kleinen, sagt man, sollten laufen,
statt Auto, neue Schuhe kaufen.
Man fordert Wasser und trinkt Wein,
und steigt in teure Limousinen ein.
Und wenn die Bürger Geld besitzen,
soll keiner sparen und drauf sitzen,
für die Gesellschaft sich beweisen
und investieren, kaufen, reisen.

Doch da, wo unser Geld hin fließt,
wo man mit Säcken Reichtum misst,
wird hinter vorgehaltener Hand
gelächelt über unser Land.
Justitia, wünsch ich, sie wird reifen
und wird sich eines Tages greifen
die Herren in dem Nadelstreifen.
Dann könnte mehr Gerechtigkeit
Platz greifen in dem alten Streit.

Ein jeder weiß, dass Geld alleine
glücklich machen kann wohl keinen.
Doch wird's gebraucht ob Glück, ob Not,
für Kleidung und das täglich Brot.
Dem Reichen wird es oft zur Qual,
wenn man von ihm verlangt Moral.
Was er gesammelt hat seit langem,
vermehrt er eifrig und mit Bangen.
Er denkt im Leben selten dran,
dass mit der letzten Reise dann,
wenn der Tod tritt plötzlich ein,
der Reichtum wird zum eitlen Schein.
Vereint sind plötzlich Arm und Reich;
wenn wir erst tot, sind alle gleich.

Höhe ist nicht gleich Größe

Es kam einmal ein kleiner Wurm
zu einem mächtig hohen Turm
und sprach zu ihm: „Ach wär das schön,
könnt ich mal in die Ferne sehn."
Der Turm, der nur von oben schaute,
hat längst vergessen, als man baute
ihm sein starkes Fundament,
was er nicht sieht und nicht mehr kennt.
Drum sprach er voller Stolz und Würde:
„Das ist an sich doch keine Hürde.
Wenn du, nun ja, auf deine Weise
auf deinem Bauche kriechst und leise
dich nach oben weiter schleichst
und eine Plattform dann erreichst,
erblickst du Städte, Wald und Feld
und unsre ganze bunte Welt.
Jedoch, lass es dir jetzt schon sagen,
du musst dort eine Brille tragen.

Denn ungefiltert kannst du nicht
ertragen dieses starke Licht.
Und wer davon erkrankt, fällt wieder
gebrochen dann zur Erde nieder."

Der Wurm, er hörte es mit Grauen;
ihm schwand sein ganzes Selbstvertrauen.
Ein letzter ängstlicher Versuch
er scheiterte mit einem Fluch.
Denn der Turm war glitschig – glatt,
auch schmierig, und der Wurm war matt.

Man hörte noch von oben leise
ein Lachen höhnisch auf die Weise,
dass es wie Überheblichkeit
recht dümmlich klang und nicht gescheit.
Denn so was spricht sich rum und dann
es einen Notstand geben kann.
Denn viele Würmer, o das weiß ich,
können an dem Fundamente fleißig
nagen, dass es nicht mehr hält
und der Turm zusammen fällt.

Und die Moral von der Geschicht´:
Wenn dir das Selbstvertrauen bricht,
gilt das noch lange nicht für alle.
Stark bist du in jedem Falle,
wenn viele dir zur Seite stehen
und mit vereinter Kraft vorgehen.

Auch sollte man zum Turme sagen:
„Stell dich nicht taub bei all den Klagen!
Denn so ein Turm wird weggefegt,
wenn ihn kein Fundament mehr trägt."

Brücken

Brücken wollen verbinden.
Sie tragen Straßen und Schienen,
mit denen sich Menschen und Länder finden;
von ihnen erbaut, wollen sie allen dienen.

Brücken überspannen die tiefste Schlucht,
auch Abgründe menschlicher Seelen
mit all ihrer Sehnsucht und tötenden Wucht,
die in den Köpfen und Herzen schwelen.

Auch Schlimmes müssen die Brücken tragen:
Panzer, Granaten und viele Kanonen.
Erfolglos scheinen all unsere Klagen. –
Waffen sind Geld, stets wird es sich lohnen.

Im Krieg ist die Brücke ein leichtes Ziel.
Was vor dem vereinte, wird deshalb zerstört.
Das Bauwerk in tausend Stücke zerfiel.
Kein Weg mehr, der über den Abgrund führt.

Der Bomberpilot kann nichts dafür,
er tat, was andere Menschen befahlen.
Ein hoch dekorierter Offizier nannte
die Koordinaten und Zahlen.

Auch dieser will letzte Verantwortung nicht
und kann sich auf höhere Stellen berufen.
Alle erfüllten militärische Pflicht
für jene, die Macht besaßen und Kriege schufen.

Brücken haben sich nur für den Frieden bewährt.
Ein Zeichen alter und neuer Sehnsucht,
dass sie die Menschheit zusammenführt,
die Hass, Verfolgung und Kriege verflucht.

Tauben und Falken

Ist eine Taube, die nur schweigt
schon dem Untergang geweiht?
Ist der Falke mit seiner Kraft
stets der Sieger, der alles schafft?

Oft scheint es im Leben so immer,
dass Tauben sich ducken und schlimmer,
dass sie nur gurren, nie schreien.
Sie können sich nicht vom Falken befreien.

Gibt es nur oben und unten und kein Verstehen?
Müssen erst wieder blutige Kriege geschehen,
in denen Tauben und Falken durchs Feuer gehen
und traurig mit den verbrannten Flügeln
aussehen?

Dann erst besinnt man sich auf gemeinsame Kraft,
die wieder Heimat und Nahrung schafft.
So lernt man das Hören und sich zu achten
und sich nicht nach dem Leben zu trachten.

Am Ende bleibt uns immer die Frage:
Warum erst die Not und all die Klage,
um Tauben und Falken zusammenzuführen,
um Hass und Verfolgung zu zerstören?

Lasst also Tauben und Falken gurren und fliegen,
und lasst den Gedanken nach Frieden
siegen!
Reicht jedem die Hand und bleibt gerecht,
alle geachtet, dann wird keiner geschwächt!

Wenn alle es wollen und danach streben,
das könnte uns helfen, zu überleben.
Nie ist es zu spät, um zu beginnen,
dafür zu kämpfen, sich zu besinnen.

Deutschland, mein Jammerland

Schlaf mein Deutschland, schlaf!
Guck dein TV, sei brav!
Schließ fest die Türe hinter dir,
denk nur an dich, dein Heute hier!
Mach weiter deine Auge zu,
zieh dich zurück und finde Ruh!
Beachte nicht, was andern fehlt,
denn nur allein dein Ego zählt!
Lass deinen Nachbar Nachbar sein!
Ist er in Not und dann allein,
dann müsstest du am Ende gar
noch Hilfe leisten dort fürwahr.
Bleib unerkannt, sei doch gescheit
und pflege Unverbindlichkeit!
Weis jede Pflicht weit von dir fort,
wo möglich nimmt man dich beim Wort!

Der Staat ist deine Geberhand,
er soll es richten in dem Land.

Und wenn er nicht genügend gibt,
wird er verflucht und nicht geliebt.
Dann jammern wir und klagen;
er hört's mit Unbehagen.

Auch wenn der Wohlstand näher schon,
bleibt der vertraute Jammerton.
Denn ganz auf sich bezogen,
fühlt man sich stets betrogen.
Die eignen Kräfte schwinden hin.
Nur selten kommt's uns in den Sinn,
dass vor dem Lohn die Leistung steht
und man vorm Essen kocht und brät.
So wird Kassieren zur Gewohnheit
und Arbeit wandelt sich zum Leid.
Aus Protest zum Programm „Harz"
wird bei Bedarf geschafft noch schwarz.
Man findet's durchaus ganz vernünftig,
dass Rente fließt ab Fünfundfünfzig.

Demographisch winkt uns Leid.
Das Ende naht für Volkes Zeit.
Der Mut zum Kind ist lang vorbei.
Entbehrung tragen und Geschrei,
das ist, wie man so sieht, verpönt.
Schon hat man sich daran gewöhnt,
dass man als Single ruhig lebt

und so sein Wohlbefinden pflegt.
Die Basis, die uns Zukunft weist,
Partnerschaft, Familie heißt.

Doch fehlt's an Glaube, Hoffnung, Liebe.
Aus ihnen wuchsen wilde Triebe:
Totschlag, Sex und Katastrophen,
Raub und Mord und wildes Schwofen.
Eingepeitscht durch alle Medien.
Geduldet wird's von allen Gremien.
Terrorspiele und Gewalt,
vernichten Liebe, Mut und Halt.
Wagt da jemand aufzustehen,
um zu geißeln, was wir sehen?

Die Spaßgesellschaft duldet nicht,
dass man drüber kritisch spricht,
was leider Massenzuspruch hat,
auch wenn es inhaltlos und platt.
Es ist die Oberflächlichkeit,
die uns verzehrt zu unserm Leid.

Fürwahr, die Sitten sind verkommen
und haben Anstand uns genommen.

Ich schrei es laut mit Wut und Frust,
Verzweiflung drückt und schnürt die Brust:

„Es fehlt, dass Eltern Kindern lehren
die wahren Werte zu vermehren,
wie Dankbarkeit, Respekt und Anstand
und Stolz auf unser schönes Land;
dass die Lebensmitte nicht Konsum,
auch nicht Karriere ist und Ruhm;
dass Nächstenliebe und Geduld
der Sieger bleibt ob mancher Schuld."

„Auch sollten Lehrer in den Schulen
nicht nur um Leistungsstandards buhlen.
Statt die Kleinen und die Großen
nur mit Leistungsdruck zu stoßen,
sind echte Werte zu vermitteln,
die sie verstehen und wachrütteln."

Bedrückend fühlt das Land die Schwingung
einer apokalyptischen Endzeitstimmung.
Belebung schafft die Spaßgesellschaft
auf Dauer kaum, raubt unsere Kraft.
Es droh´n dem einst stolzen Land
Infarkt und dann der Herzstillstand.
Mit Gejammer und mit Klagen

geht's uns dann wirklich an den Kragen.

Wach auf mein Land, wach auf
und ändre endlich deinen Lauf!
Nicht nur reden, sondern handeln,
kann jetzt noch unser Schicksal wandeln.
Nur mit Visionen, Mut und Kraft
wird dies durch Geist und Hand geschafft.

Vielleicht erschlägt ein gold'ner Hammer
einst das alte ewige Gejammer.

Weihnachten heute

Ausgebreitete gläubige Herzen in Hoffnung und
Dankbarkeit,
loben die Liebe und Allmacht Gottes – für unsere
Rettung bereit. –
Verwirrendes Spiel und hektisches Treiben in
diesen Tagen,
verfallen in Perfektion, ohne den Sinn zu erfragen.

Irrlichter kindlicher Naivität und Sorglosigkeit
erzeugen Vorfreude auf „glückliche
Weihnachtszeit". –
Nihilistisches Grinsen, geboren aus gleichgültigen
Hirngewinden,
die weder verstehen, noch etwas empfinden.

Dazwischen die wahnsinnige Angst und Not:
Nicht Mord zu besiegen mit all den Facetten
und Frieden zu stiften, um Leben zu retten.
Betrübt, nicht zu lindern die Hungersqualen,
verhindert, das Nötigste zu bezahlen.

Hilflos zu sein bei Krankheit und Sucht,
ferne zu stehen bei Kälte und Flucht.
Einsame Menschen leiden zu sehen,
bei denen Vertrauen und Hoffnung verwehen.

Da sprechen die Fäuste und eiskalte Waffen
mit Auftrag zu töten. Auch Frauen und Kinder
gefangen zu halten im Sommer und Winter,
gepeinigt von Seuchen die Körper, die schlaffen.

Weit sichtbar Städte und Dörfer brennen.
Nicht enden wollen die Schreie der Nacht,
weil Menschen sterben und um ihr Leben
rennen. –
Ist da noch einer, der darüber wacht?

Der eine bäckt Brot, der andere baut Waffen.
Der lindert Not, und jener will Reichtum
schaffen.
Da wird das Wasser vergiftet, dort der Wald
verbrannt. –
Gefahrvolles Triften hält uns alle heute gebannt.

Aus unheilvollem Nebel erwächst uns die Frage:
Strandet das Schiff oder kommt´s wieder in
Fahrt?
Bedrückt uns weiter die alte und immer junge
Klage? –

Es sei denn, wir würden erlöst und bewahrt
und Gottes Sohn wird uns wirklich geboren,
wir nützten Verstand, Hände, Augen und Ohren
und ließen uns auf seine Wege ein,
mit ihm und durch ihn zum neuen Sein.

Sinn und Ziel müssen gefunden werden,
ausgelöscht die unheilvolle Begierde. –
Dann wäre ein neues Denken auf unserer Erde;
eine neue Schöpfung mit göttlicher Zierde.

Braune Diktatur

Rücksichtslos waren die tolldreisten
Verblendeten.
Sie brachten uns braunen, völkischen
Wahnsinn.
Brutal unterdrückt und entwürdigt, die
Geschändeten.
Alles zielte auf Tod und Untergang hin.

Reichsprogromnacht

(Am 09.09.1933 wurden In Deutschland 400 Synagogen geschändet
oder verbrannt, tausende Geschäfte demoliert und ausgeplündert,
30.000 Juden verschleppt – der Auftakt für millionenfachen Mord im
Holocaust)

Aus dem Dunkel jener Straßen
tritt die braune Rotte vor.
Schlägertypen, die nur hassen
brechen auf, wo Tür und Tor.

Das Sturmband unters Kinn geklemmt,
den Schlagstock hoch erhoben.
Losgelassen, ungehemmt
kommt es herangezogen.

Schreie, Weinen, Scheiben splittern,
geplündert wird, Zerstörung wütet. –
„Ab morgen sitzt ihr hinter Gittern!"
Ein Ruf vom Ungeist ausgebrütet.

Alles kurz und klein geschlagen,
vernichtet und dann ausgeraubt. –
Verachtung, Schmach nicht zu ertragen!
Alles war dabei erlaubt.

Verbrecherbande mit zermeißeltem Gehirn,
mit den vier Fleischerhaken[1] in den Herzen.
Nur brauner Müll steht hinter jeder Stirn,
wenn sie grölen:
„Das Judenpack ist auszumerzen!"

Es ist kein Blut an eurem Türsturz,
vorüber geht der Würgeengel diesmal nicht an
eurem Heim.
Für eure Väter war es vormals Schutz;
ab heute schien es, seid ihr ganz verlassen und
allein.

Als ob Ägyptens alte Rache euch einholt und
vernichten will.
Denn mit stummer Klagelieder-Sprache
berichtet nun der gelbe Stern von eurer Schmach.

---

[1] Hakenkreuz

„Halt! Hier kauft ein Deutscher nie mehr ein!"
steht an dem Schaufenster mit großen Lettern.
„Hier wohnt ein altes Judenschwein!"
So klagt es an und schreit nach Rettern.

Erste Schüsse gellen durch die Nacht,
und viele werden abgeführt.
Der Holocaust wird heute angesagt,
das Recht verhöhnt und Hass geschürt.

Entgeistert stehen Menschen an den Ecken.
Keiner stimmte zu dem bösen Treiben.
Ein Volk erstarrt in seinem Schrecken,
selbst die Polizei schaut zu, auch sie wird
schweigen.

Keiner wagt dem Sturm zu widerstehen;
vergessen sind Gesetz und Menschlichkeit.
Jeder fürchtet, dass es sich an ihm könnt rächen,
wenn er anklagt dieses tausendfache Leid.

Auch viele denken: „Was die tun,
ist sicher richtig, weil auf Befehl von oben;
in der Zeitung lasen wir es schon,
dass die Deutschen sind zu loben,
die das ganze Judenpack
aus dem Lande jagen, wie man sagte,
weil es uns aussaugt jeden Tag,
und unserm Volk nur Unglück brachte.

Nur so könnten sich die Arier
als reine Rasse noch erhalten.
Nur so führt Kampf und Sieg zum Ruhm.
Nur so kann Deutschland sich entfalten."

Sie wenden ab sich und sie gehen,
froh in der Brust, nicht Jud zu sein.
Denn leichter ist´s dem Sieger beizustehen
und so sich vom Gewissen zu befrei´n.

Dass von ihrer „Heldentat"
auch alle Welt erfahre,
folgt nun der letzte große Schlag:
Ein Zeichen noch für viele Jahre.

Hin zieht das Pack zur Synagoge,
bricht auf, zerstört und legt ein Feuer.
Schon splittern Fenster – Fanfaren ihrer
Siegeswoge.
Es stürzt der Himmel ein, mit ihm das restliche
Gemäuer.

So zeigt der neue Tag der Städte böse Zier:
Geschändet Synagogen, Zerstörung blinder Wahn.
Gebrandschatzt hat ein wildes aufgehetztes Tier;
brach hemmungslosen wütenden Rassismus freie
Bahn.

Männer, Frauen und das Liebste, ihre Kinder,
sie sind nach dieser Nacht entrechtet und verarmt
und werden Opfer dieser aufgehetzten braunen
Schinder.
Selten ist es, dass sich jemand ihrer noch erbarmt.

Vom Greis bis zu dem kleinen Kind
müssen alle gelbe Judensterne tragen.
Es macht die Schande dadurch viele blind
vor dem, was wirklich wäre anzuklagen.

Wer dennoch mahnt und Einhalt bieten will,
wird schnell ein Opfer der Gestapo. –
Schnell ist der Urteilsspruch nach neuem Stil
nach blutigem Verhör, brutal und roh.

Und an dem nächsten Abend wieder,
in den alten Sturmlokalen,
brüllen sie die Siegeslieder;
befrei´n sich so von Angst und Qualen.

Sie sind des Führers braune Täter,
die nur erfüllen und nicht fragen.
Jeder ist für sie sofort Verräter,
der es wagt, die Schande anzuklagen.

Noch sieht sie keiner, längst ist sie entfacht
die Feuerschrift an jeder Wand.
Es werden große, schlimme Pläne ausgedacht,
und niemand liest die Worte: „Armes Vaterland!"

Jenseits von Menschlichkeit

Ihr von rechts außen, ihr tut uns nicht gut.
Habt ihr denn gar nichts begriffen?
Meint ihr mit Feuer und mit eurer Wut
könnt ihr ein ganzes Volk vergiften?

Schreckt nicht vor Totschlag und Mord zurück,
heimtückisch brennt ihr Häuser nieder;
zerstört der Ärmsten Hoffnung und Glück.
Man hört die alten Nazilieder.

Schamröte steigt uns in das Gesicht,
wenn Hetzreden gar die Schoah leugnen.
Auch gab es für euch das Todesgas nicht. –
Millionen Erstickte sind stumme Zeugen.

Nein, ihr habt es sicher nie erlebt
wenn die Bomben auf Häuser fallen,
nicht gezittert wenn die Erde bebt. –
Zerfetzte Leichen mussten es zahlen.

Denkt nur einmal an eure Lieben!
Begreift die Verzweiflung in solcher Not!
Wo wärt ihr mit ihnen dann geblieben
ohne Besitz, keine Bleibe, kein Brot?

Keiner darf mit Blick auf solche Not
chauvinistische Reden verbreiten.
Wir sitzen zuletzt im gleichen Boot
und sollten helfen, statt nur zu streiten.
Woher nehmt ihr all den tiefen Hass?
Aus euren Herzen kann er nicht kommen.
Habt ihr am Unrat eurer Worte Spaß,
seid von eurer Nabelschau benommen?

Hört! Nie werdet ihr ein ganzes Volk betören.
Nur ein sehr kleiner Trupp wird euch vertrauen,
die hirnlos eurer Demagogie zuhören.
Ihr solltet nicht rückwärts, sondern nach vorne
schauen.

Hilfe ist nötig und angesagt.
Gern sollte ein jeder für andere geben.
Ohne die Liebe wird nichts gewagt.
Es könnte so werden, ein friedliches Leben.

Tödliche Medizin
(Untaten der Nazimedizin)

Nase, Mund, Augen und Ohren wurden vermessen,
um „gutes" Erbgut der Menschen zu definieren.
Die Anthropologen waren darauf versessen,
Rassenhygiene sollte das deutsche Volk zieren.

Schon bald fielen in modernden Hirnen die
Grenzen,
schnell expandierte diese „Hygiene" zum
Rassenwahn.
Das Ziel war die Befreiung von „Ballastexistenzen".
Geöffnet wurden wütende Schleusen nach
teuflischem Plan.

Wer hatte die Kraft zum Schließen dieser Tore?
Ins Elend wurden die „Schlechten" getrieben,
in die blutlos fest geflochtenen Reusen.
Wer kennt sie, wo sind sie alle geblieben?

Eine halbe Million wurde zwangssterilisiert
und 300-tausend starben den plötzlichen Tod.
Als „unproduktive Artfremde" wurden sie
deklassiert. –
Der „arische Volkskörper" – ein sinkendes Boot.

Euthanasie - das Verbrechen minutiös geplant,
war die Generalprobe zum Wahnsinn Holocaust.
Millionen Opfer - ein Denkmal, das uns immer
mahnt
an die Hakenkreuzzeit, vor der uns noch immer
graust.

Du Mensch, täusche dich nicht,
noch immer lauert in vielen Ländern die Gefahr,
die wie ein Vulkan aus der Erde bricht;
lauthals stellt sie sich stets als goldene Zukunft dar.

Gelb gezeichnet und selten überlebt

In der Erinnerung leben sie noch sehr genau,
sie alle, mit ihrem gelben Stern auf der Brust.
Viel kluge Männer oder die einsame Frau
hatten die Wahl zwischen dem Gas oder dem Frust.

Sie zogen mit Handkarren durch die Straßen;
Frau Doktor durfte den Kehricht einsammeln,
Schmutz zusammenfegen, nichts liegen lassen,
nicht aufblicken, Entschuldigungen stammeln.

Dann plötzlich gab es genügend Zwangsarbeiter,
die all die Verachteten ersetzen mussten.
Deren Freund war der Tod als ständiger Begleiter,
da sie den Rauch kannten und ihr Ende wussten.

Wer arbeiten konnte wurde selektiert,
die Alten und die Kranken sofort entsorgt.
SS hatte alles perfide geplant und organisiert:
Die Lager, Entwürdigung bis hin zum Mord.

Doch auch das Kreuz mit seinen vier Haken
und der perversen Mein-Kampf-Ideologie,
bekam am Ende das Zittern und Zagen;
vom Tod gegen sich selbst es die Waffen lieh.

Uns gehört die Welt!

Überfall, Morden und Brandschatzen.
Verlogen waren die Scheinverträge.
Stets von dem Volk ohne Land schwatzen. –
Waffen erzielten große Erträge.

„Heute gehört uns Deutschland
und morgen die ganze Welt!"
Vertrauen bei vielen schwand.
Blutig rot verfärbt sich Geld.

Besiegte Länder – viel Widerstand.
Auch Wolfsschanze kein sicherer Ort.
Es fehlte an Weitsicht dem Verstand.
Nur Teufelsgespei war jedes Wort.

Doch heimlich gab es mutige Männer;
sie wollten ihr Volk vom Wahnsinn befreien.
Für Frieden und Freiheit starke Bekenner;
ihr Wunsch: Dem Land wieder Würde verleihen.

Doch ihr großer Plan zersprang
und das Attentat misslang.
In den Hof vom Bendlerblock gestoßen –
exekutiert – so wurden die Besten erschossen.

Es kam, wie es kommen musste:
Nach 600 Millionen Toten
und aller Zerstörung, man wusste
die Siegesschreier, sie waren Höllenboten.

Fahnen wurden verbrannt,
die Reichsadler zerstört.
Trostlosigkeit im ganzen Land.
Verbrecher hatten ein Volk verführt.

Seid auf der Hut im ganzen Land.
Braune Truglichter brennen wieder.
Unheilvolles schreibt´s auf die Wand.
Sind es die alten Nazilieder?

Die Verblendeten

Ihr habt euch den Totenkopf ins Herz gebrannt.
Das Kreuz mit vier Haken ist euer Verstand.
Lieder und Reden, die ihr grölt im Land,
werden als Schande der Menschheit erkannt.

Jetzt braucht ihr nur noch „Mein Kampf" zu lesen,
um an dem braunen Sumpf zu genesen.
Es ist eine Schrift, direkt aus der Hölle,
wo Tod und Verderben einzigte Quelle.

Wenn ihr lacht, habt ihr was Böses vollbracht,
wenn ihr zündelt, die Bosheit gebündelt.
Toleranz, ein Fremdwort, ihr kennt sie nicht.
Ihr handelt im Dunklen und hasst das Licht.

Ihr ruft eure Meute zum Töten auf,
was dann sich noch regt, da tretet ihr drauf.
Euer Frust und Hass ist des Teufels Spaß.
All das Vernichten wird euch einst richten.

Gelingt es nicht einem von euch zu denken,
der sich nicht weiter will geistig verrenken?
Er sollte jetzt mutig den Anfang wagen
und all dem Verbrechen den Kampf ansagen.

Seht, ihr steht vor einem tiefen Abgrund!
Was habt ihr erreicht mit all eurem Schund?
Die blutigen Reden verfliegen im Wind,
sie bleiben erfolglos, irrsinnig und blind

Rote Diktatur

Macht, die ihr euch selber habt
genommen,
ein Zerrbild aus dem Spiegelkabinett.
Gerechtigkeit war lange schon verkommen,
und Narretei ging mit der Freiheit in ihr
Bett.

Wahn der Macht

Es war der Wahn der Macht.
Es war Terror und viel mehr.
Qual und Not in tiefster Nacht.
Hohn und Demut wogen schwer.

Viele, die zur Erde schauten.
Manche, die noch immer hofften.
Kaum welche, die sich wirklich trauten.
Jeder schleppte, alle schafften.

Schamlos wurde denunziert.
Unter Freunden und Kollegen
frech und heimlich spioniert,
nicht selten auf erpressten Wegen.

Wer ins Visier der Stasi kam
durch Wort und Lied mit freiem Sinn
und beim Verhör zurück nichts nahm,
kam schnell dann vor den Richter hin.

Nicht lange wurde da gerungen.
Dem „Staatsfeind" wurde dreist gedroht.
Die Unterschrift von ihm erzwungen.
Es folgten Haft, Entwürdigung und Not.

Und war der „Feind" durchs Netz geschlüpft,
mit einer abenteuerlichen Flucht,
wurden Stasifäden rasch geknüpft.
Sein Gut beschlagnahmt und brutal durchsucht.

War er gefunden, scheut man nicht
die letzte Möglichkeit zu nutzen:
Auftragsmorde wurden Pflicht.
Aussichtslos, sich dann zu schützen.

Heimtückisch war der Plan,
professionell war seine Hand.
Der Tod des Opfers – reiner Wahn,
zu glauben, die Idee verschwand.

Nein, Gleichgesinnte ohne Zahl
erkannten nun die wahren Täter.
Jetzt standen diese vor der Wahl,
die hoch bezahlten Volksverräter.

Manche wandelten sich gleich
und „bedauerten" die Hehle.
Viele, in den Knien weich,
beriefen sich auf die Befehle.

Andere, sie war´n „Opfer" plötzlich.
Sie hatten alle „keine Ahnung"
und taten dabei sehr verletzlich.
Doch man wusste: Alles Tarnung!

Auch gab es die Verzweifelten;
sie beendeten ihr Leben.
Sie waren die Gescheiterten,
die uns alle Mahnung säten.

Mahnung für die nächste Zeit
an Politik und jede Macht.
Auf dass nie wieder solches Leid
wie Mehltau fällt in finstrer Nacht.

Weggesperrt

Es schreit aus hunderttausend Kehlen;
wer kennt die Namen, kann sie zählen?
Wie Mehltau fällt auf uns die Schande
einer von Macht besess'nen Bande. –

Fortgeführt auf off'ner Straße
oder aus dem Schlaf gerissen.
Befehl war: „Dieser ist zu fassen!"
Ein Handeln ohne Rechtsgewissen.

Ohne letztes „Lebewohl" zu sagen,
keine Nachricht an die Eltern, Frau und Kinder,
keine Reaktion auf bange Fragen.
Gedemütigt, voll Schmerz verschlossen sind
die Münder.

Gestoßen in die Nacht der Dunkelzelle;
trostlos ist die totale Abgeschiedenheit.
Kein gutes Wort kommt über diese Schwelle.
Erniedrigungen, sie erhöhen dieses Leid.

Zu mitternächtlich später Stunde
Verhör mit vorher schon verfasstem Protokoll.
Die Schläger steh´n im Hintergrunde.
Das Maß, zu widerstehen ist längs übervoll.

Mit letzter Hoffnung wird dann unterschrieben. –
Es wartet auf das Protokoll der Richter schon.
Was habt ihr für ein böses Spiel getrieben?
Hoffnung auf Freiheit ist zerstört – welch bittrer
Hohn.

Kann da ein „Schlussstrich" Unrecht wandeln?
Rache – nein, kein blinder Wahn,
nicht Vergeltung Zahn um Zahn.
Gerechtigkeit verlangt jetzt Handeln.

Keiner darf all dies vergessen müssen.
Nur Einsicht und Entschuldigung
bringen Sühne und Veränderung. –
Ist da jemand mit einem Gewissen?

Erzählt den Kindern von der Schande!
Nur Wissen gibt uns Kraft und Mut.
Unrecht war Alltag in dem Lande.
Die Zeit braucht Herzen voller Glut.

Verbrechen mit Stil

Es klingt uns wie ein Märchen
von tolldreister Art und Weise,
von all den roten Schergen
und ihrer bigotten Reise.

Verbrecher setzten Kronen auf
und ließen sich Schlösser bauen.
Geld wird beschafft durch Kunstverkauf. –
Woher kam das Vertrauen?

Schieberei war sanktioniert
wenn sie der Macht nur nützte.
Die Korruption war angeführt
durch Stasi, die sie schützte.

Großmannssucht und Prasserei
in den Zentralen dieser Macht;
von Schuldgefühlen gänzlich frei,
das Recht gebeugt, das Volk verlacht.

Zum Jagdausflug, wie sich's gebührt ,
die Gauner fahr'n trophäengierig.
Das Wildbret zahm, wird vorgeführt,
Erfolge programmiert, nicht schwierig.

Selbst Waffenhändler liefern Geld,
verplant für sich und ihres Gleichen.
Das Geld läuft heimlich um die Welt. –
Auf Eigennutz steh'n alle Weichen.

Von wem habt ihr das nur geerbt,
als lupenreine Kommunisten?
Habt ihr euch all nur rot gefärbt
um als Schmarotzer hier zu nisten?

Ein Stalin hat für euch gesät,
war Vorbild euch in seinem Streben.
Vom Sturm der Zeit längst weggeweht,
der euch nun trifft für euer Leben.

Ein übles Zerrbild dieser Staat,
der sich noch demokratisch nannte.
Getragen durch Gewalt, Verrat. –
Die Macht, die sich nur selber kante.

Ihr werdet arm, vorbei der Flitter.
Ein Aus für die Halunken.
Es warten auf euch feste Gitter.
Wie tief seid ihr bei uns gesunken!
Da ist Justitia jetzt gefragt. –
Doch wer ist von euch unbefangen?
Die bange Frage in uns nagt;
wer stillt das Rechtsverlangen?

War das nicht alles schon einmal
mit all den tollen Hunden?
Schmeckt das nicht alles furchtbar schal?
Sind das nicht gleiche Wunden

Ja, immer wieder kann's geschehen,
wenn Macht zum Spielball einer Hand
in einer Richtung wird gesehen,
zur Schmach für Volk und Vaterland.

Betrogen wurde lang genug.
Deckt auf und straft, wo es von Nöten!
Das Volk, es duldet kein Betrug und will dem
Recht die Ehre geben

Zensur

Medien war'n degradiert,
machten Hofberichtsertattung,
und sie druckten ungeniert
Einheitstexte zur Beschattung.
So wurden Hirne gar gekocht,
scharf gewaschen und gespaltet
und fest auf alte Macht gepocht.
Unrecht wurde so verwaltet.

So verlief das vierzig Jahre;
Betrug und Schande machten Front.
Schon ergrauen uns die Haare,
Scham und Ohnmacht in uns wohnt. –
Doch es leuchtet fernes Feuer
auf dem hohen Turm der Freiheit.
Bezahlt das Volk auch noch so teuer,
Vergessen will es alles Leid.

Schreiben müsst ihr freie Lieder,
berichten von der neuen Zeit.
Vom Schlaf erwacht der Mensch nun wieder,
wirft alle Knechtschaft von sich weit.

Die Erde dampft, kann wieder fruchten,
und Blumen blühen vielfach auf
aus dem Schlamm, dem lang verfluchten,
und so erfüllt sich unser Lauf.

Mut zur Tat ist jetzt gefragt,
nicht mehr feige abseits stehen.
Die alte Garde wird verklagt.
Vor uns neue Fahnen wehen.
Reiche Ernte eingebracht
in neue Scheunen, schön und groß.
Neu, dass jeder wieder lacht.
Glück und Freude – unser Los.

So war mein Land

Eine Partei –
Einheitsbrei.
Die hat das Sagen –
keiner darf klagen.
Blockparteien –
haben sich einzureihen.

Medien zensiert –
alles kontrolliert.
Freiheit verkommen –
den Mut uns genommen.
Brutal eingemauert –
durch Stasi belauert.

Staat unter Waffen,
wollt Frieden schaffen. (?)
Todesgefahren
an Grenzen waren.
Genossen beschlossen –
viele verstoßen
und auch erschossen.

Reisen verweigert –
Wut noch gesteigert.
Preise diktiert –
Bonzen dekoriert.
Es war keine Frage;
im Laufe der Jahre
ruinös war die Lage.
Kaum etwas saniert
und Kirchen planiert.

Das Volk war erzürnt,
fühlt sich gehörnt.
Demos auf Straßen
erfassten die Massen.
Am Ruf tausendfach
die Mauer zerbrach.

Die roten Träume
zerplatzten wie Schäume.
Friedlich vereint –
vor Freude geweint.

Partei-Mafia

Wer hat euch das Recht gegeben,
rücksichtslos uns zu betrügen,
und unser Eigentum zu nehmen,
uns lebenslang nur zu belügen?

Ihr ließet für euch Schlösser bau'n
und aßet ständig unser Brot.
Lebtet bewacht nur hinterm Zaun,
nicht achtend all der großen Not.

Heuchelnd Bruderküsse schenkend
vergabt ihr Orden euch und Geld.
Loyal den Hut zum Volke schwenkend
steht ihr zur Schau für alle Welt.

Rechtfertigt euch mit „Dienst am Frieden",
obwohl ihr heimlich Waffen handelt.
Es war ein Leben euch beschieden,
wo sich's gefräßig, lustvoll wandelt.

Bekamt stets, was ihr euch ersehnt,
und Mühe hat es nie dabei gekostet.
Ihr habt ihn höchstens knapp erwähnt
den Wunsch, der euer rotes Hirn verpestet.

Es reichte euch nicht euer Wohlstand.
Nein, eurer Sippe große Zahl
vermachtet ihr Haus, Hof und Land.
Grenzenloses stand zur Wahl.

Was kümmerte euch die marode Wirtschaft,
was die feuchten Wohnungen der kleinen Leute.
Enttäuscht sind Menschen, traurig, ohne Kraft.
Wenn ihr nur immer prassen konntet mit
der Meute.

Und als es plötzlich brenzlig roch,
Verbrecher wollten predigen.
Die Ratten krochen aus dem Loch
und kolportierten Medien.

Der eine lag im Bette krank,
der nächste gab sich eine Kugel,
ein anderer lief schnell zu Bank
und flog davon, gleich einem Vogel.

Des Eisbergs Spitze ist entdeckt,
der Sumpf von keinem ausgelotet.
Der Boden ist von euch verqueckt.
Das schöne Land von euch verkotet.

Es gilt jetzt fleißig aufzuräumen
mit wachem Sinn, mit Mut und Kraft.
Justitia, sie darf nicht säumen
mit ihrem Auftrag. – Ob sie's schafft?

Händedruck

Nichts ging ohne dieses Abzeichen
mit dem scheinheiligen Händedruck.
Ein Stellwerk für die Lebensweichen,
für die Nichtgenossen wahrer Spuk.

Schon im Kindergarten der Beginn.
Klassenauftrag für das Kinderohr:
„Sozialismus ist unser Gewinn."
Alle Kinder singen jetzt im Chor:
„Die Partei, die Partei hat immer Recht."
Disharmonisch, geistig furchtbar schlecht.

In der Schule ging's dann zur Sache:
„Wie sieht bei euch der Sandmann aus?"
Am Elternhaus heimliche Rache.
Ein „guter" Lehrer kriegt alles raus.
Das Fernsehbild als Tellereisen
um kleine Kinderseelen kreisen.

Die Jungen Pioniere lockten
mit den blauen Tüchern, „Seid bereit!"
Die da nicht wollten und gar bockten,
„verspiel'n ihre Chancen, tut uns leid."

Später wurde kaum gefragt,
vom Pionier zur FDJ.
Übernommen, nicht beantragt.
So viel im anerzog'nen Trott.

Dann kam die Zeit der Jugendweihe
mit dem Treueschwur zum Gleichschritt.
Nur ganz versteckt gab es da Schreie,
die meisten Schüler zogen mit.

Wer da nicht mitlief mit den vielen,
nicht Treue schwor auf die Partei,
gehörte zu den Negativen.
Abitur und Studium versagt
und als Parteifeind angeklagt.

So schürte man den Hass herbei
Hass auf die fetten Broschenträger,
Hass auf alles, was sie schrien. –
Und plötzlich standen viele Kläger.
Die Zeit der Bonzen war geliehen.

Schmerz

Wenn ich mich im Kreis um seh´,
tut in der Brust mein Herz mir weh.
Da, wo es blühte, wo es spross,
wo sich ein klarer Bach ergoss,
da zieht ein Pfuhl sich stinkend hin. –
Finster wird´s, wo Sonne schien.

Der Vorwurf trifft den Dirigent
der SED, die konsequent
Alleinvertretungs-Machtanspruch
forderte und sich betrog,
dass Wende so gelingen wird. –
Wie tief sich das ZK[2] da irrt.

Und die festgefahrenen Strukturen,
die unsre Wirtschaft hält in Spuren,
die sie allein kann nie verlassen.
Bedrückend leer sind alle Kassen.
Ein Schein das Subventionen-Spiel;
es war geplant mit falschem Ziel.

---

[2] Zentralkomitee der SED

Verkrustet eure Bürokratie!
Wie schön wär es doch ohne sie.
Die Paragraphen hinter Schaltern
mit den Formularverwaltern;
sie blicken weder rechts noch links,
versteinert wie die alte Sphinx.

Es bricht vor Wut die Stimme mir
vor Großmannssucht im Staate hier,
vor Filz, Bereicherung, Betrug; -
das war den Herren nicht genug.
Sie bauten Häuser je nach Launen,
ließen in Staatskarossen sich bestaunen.
Auch sind in großer Zahl zu melden
die Sonderläden für die Helden.

So kam es, dass der Scherbenhaufen
nur Schulden hatte, nichts zu kaufen,
und die Wirtschaft ohne Wahl,
weil man nur plante und befahl,
den hohen Herren ganz entglitt. –
Doch da macht unser Volk nicht mit.

Neu sind legitime Rechte
frei sind wir, nie wieder Knechte.
Lasst die Macht nicht aus den Händen,
dann wird es sich zum Guten wenden.
Seid stolz und froh, stets redet offen,
und unser Land kann wieder hoffen.

Eingemauert

(am 13.August 1961 wurde zwischen Ost- und Westberlin die Mauer
errichtet, der so genannte „Antifaschistische Schutzwall" der DDR)

Bedenkt, dass an der Mauer Echo schallt!
Der Ruf wird tausendfach im Lande.
Auch wenn es weiter bleibt noch kalt,
einst wird sie fallen, diese Schande.

In die Gewissheit mischt sich Trauer,
da uns Verluste quälen, schmerzen,
ob der Vielen, die auf Dauer
flohen – Hoffnungslosigkeit im Herzen.

Weil erzogen wurde zum Gehorsam und
zum Hass
und Heuchelei mehr als die Wahrheit galt,
Entmündigung wie Krebs in allen Herzen fraß.
Was gab den Menschen da noch Halt?

In ihrer tristen Sattheit Herrscher gähnten,
Augen, Ohren und die Herzen vor aller Pein
verschlossen,
sich in einem elfenbeinern Turme wähnten,
nur inhaltlose Reden über Menschen gossen.

Fallen wird die Mauer, die nur für euch besteht.
Zerschreddert wird Beton und aller Stacheldraht,
und alle tiefen Gräben werden zugeweht,
durch Unrecht aufgerissen, Folter und Verrat.

Der Ruf des Volkes wird einst grimmiger und
laut.
Mut zum Reden und zum Handeln wächst dann
aus jedem Raum,
der nicht mit Stacheldraht, Beton und Stahl
verbaut.
Und immer ungestümer wird der Freiheit
schönster Traum.

Aus dem Boden voller Trauer und dem Blut
werden erblühen Recht und Freiheit.
Nach der Unterdrückung siegt des Volkes Mut.
Sie wird kommen diese neue Zeit!

Das Tal der Tränen

Siehst du die schwarzen Vögel unter den
dunklen Wolken?
Sie stoßen zur Erde, um in unserem Abfall
zu polken.
Da liegen sie rum, die Hände und Beine,
zerrissene Herzen, so sah ich noch keine.
Sie greifen und laufen schon lange nicht mehr,
sie schlugen einst höher und brannten so sehr. –
Nun sind sie der traurige Fraß dieser Raben,
und es wäre so schön, sie am Leben zu haben.
Doch da gab es das Amt und die vielen Zimmer,
die duldeten nichts, und es wurde noch schlimmer.

Die Henker, die früher die Beine abschlugen,
die Richter, die uns die Hände verbogen,
die Führer, die unsere Herzen durchstießen
und nur ihre eigene Meinung zuließen,
sie sind es, die Herren vom Unrat und Müll,
Ideenschwätzer ohne Richtung und Ziel.

Sie zieh´n ihre traurigen Endbilanzen
und müssen mit Toten und Schatten tanzen.

Die Throne jedoch, auf die sie sich setzen,
sind randvoll mit Pulver, um sie zu zerfetzen.
Wenn ihre Kadaver einst stinkend verfaulen,
werden sie selbst noch die Raben vergraulen.

Erst dann wächst aus jener Asche hervor
ein endloser trauriger Menschenchor.
Und lang und hart wird ihr Weg, bis das man fand,
das fruchtbare und glückliche Neue Land.

Ruf aus dem Niemandsland

(Die geistige Tortur einer besuchsweisen Ausreise in
„dringenden Familienangelegenheiten" aus der ehemaligen
DDR in die Bundesrepublik Deutschland mit dem Transitzug
über den Bahnhof Berlin Friedrichstraße, den so genannten
„Tränenbunker")

Was soll ich machen?
Mir sind keine Flügel gewachsen.
Weinen muss ich, kann nicht lachen,
lass mich kränken und lass mich taxen.

Lass Fragen über mich ergehen, wie in schlechten
Träumen.
Amtliche Schreiben und Urkunden – Hoffnung,
dass es was bringt.
Fülle vielfach Bögen aus in schlechten überfüllten
Räumen,
wo es nur nach Angst, Wut und Ohnmacht stinkt.

Menschen mit ihren Janusköpfen
drehen wirkungsvolle Pirouetten.
Alle stellen sich dem Bewusstseinsschröpfen
und kapitulieren in ihren Ketten.
So mach auch ich mich wieder und wieder klein.

Später muss ich mich mit Herzklopfen durch den
Ferch[3] drängen.
Bleibe ruhig, immer nur zum Schein
und bin froh zu entkommen aus den gefahrvollen
Fängen.

Nur die gurrenden Tauben auf dem Bahnsteig und
die Spatzen
wissen nichts von den Waffen und der kalten
Wand aus Beton,
kennen nicht die ewig bösen, hämisch grinsenden
Fratzen;
sie haben die Freiheit, sich zu erheben ohne Gnade
und Lohn.

Zum letzten Mal: „Habt Acht!"
Sie kommen mit Hunden und tödlichen Rohren. –
Ist es Tag oder ist es Nacht?
Herz und Kopf empfinden ein fragendes Bohren.

Jetzt fährt er herein, der „Rentnerexpress".
Erlaubter Einstieg erst eine Minute vor Abfahrt.
Die Alten leiden unter dem Stress.
Jetzt Tiefenkontrolle des Zuges vor seinem Start.

---

[3] Kontroll- und Beobachtungstunnel mit Spiegeln und
beiderseits verschlossenen Türen

Sind wir zum Nachtwandeln alle bereit
zwischen den Medien und deren Schuld,
zwischen Ozon und stinkendem Leid,
Zwischen Willkür, Schmach und Geduld.

Fragen nach dem Warum,
auch nach der Machtlosigkeit alleine.
Und jeder gäbe was drum,
hier auch zu leben nicht nur zum Scheine.
Unwillkürlich schleicht sich Bitterkeit ins Herz
weil uns die Schwerkraft am Boden festhält.
Für uns bleibt die Einsicht mit brennendem Schmerz:
Wir sind etabliert in unserer Welt.

Sorgenvoll sieht man sich als willenlose Gestalt
im Klassengetriebe als Rädchen des Ganzen
in festen Lagern verankert, mit sicherem Halt,
stetig um seine eigene Achse tanzen.

Was wäre, wenn keine Hoffnung bestünde,
wenn uns die Herzen erblinden würden
und sich umgäben mit krustiger Rinde?
Nicht zu ertragen wär′n diese Hürden.

Jedoch mit Hoffnung kann ich nun fahren und
träumen –
auch von Menschen, die sich befreien mit
starken Flügeln,
die sich erheben können aus stürzenden Räumen,
um sich dann wieder frei im Azur zu spiegeln.

Peter Fechter

(Peter Fechter wurde mit 18 Jahren bei seinem Fluchtversuch
in die Freiheit nach Westberlin am 17.08.1962 als eines der erstes
Maueropfer von den Mitgliedern der Grenztruppe der DDR
erschossen.)

„Einmal wollen wir es wagen
aus dem Unrechtsstaat zu fliehen.
Davon musst du schweigen, darfst keinem etwas
sagen,
wovon die Herzen uns schon lange glühen.

Sonst ist das Ende schon besiegelt,
der Plan vertan, der Traum verflogen
und hinter Gittern, fest verriegelt
wäre jedes Recht uns dann entzogen."

So wurde heimlich ausgespäht
der Weg zur Freiheit über Mauern.
Gefahr, dass man in einen Hinterhalt gerät,
 lässt beide zweifeln und erschauern.

Denn es stehen dort im Todesstreifen
weit sichtbar Türme mit den Wachen.
Sie können Sehnsucht nur und Hass entfachen,
um zu schießen, zu ergreifen.
Fechter – Kulbeik dieses Freundespaar
wartet lange schon auf die Gelegenheit.
Wann wird es, so denkt jeder, endlich war,
dass uns das Glück vom Stumpfsinn hier befreit?

Gezielt, doch unbemerkt, verdingen sich die beiden
dicht an dem Berliner Unrechtswall als Maurer,
bedacht, durch Fleiß und gute Arbeit ja Konflikte
zu vermeiden,
wohl wissend, dass ist alles nur von kurzer Dauer.

Da plötzlich war sie klar erkannt,
die Möglichkeit zur Flucht aus all den Zwängen.
Ein rascher Blick zu dieser Schreckensmauer
unverwandt, -
und schon beginnt der Freund den anderen zu
drängen.

Nach dem erdachten Plan geht es zunächst in ein
Versteck,
wo man geschützt von Sägespänen noch verweilt.
Ein Rest von Angst wird hier verdrängt wie auch
der erste Schreck;
Jetzt wird der Weg durch Stacheldraht zur Mauer
angepeilt.
Es folgt ein fest entschlossener Blick der Freunde,
tief verbunden. –

Schon zwängt man sich durch einen schmalen
Fensterschlitz.
Nur noch dem inneren Befehl verpflichtet, wird
Stacheldraht schon überwunden.
Die Freiheit liegt nur noch zehn Meter weit, -
da fällt ein Schuss, es leuchtet auf ein Blitz.

Nichts kann die Freunde jetzt noch halten,
das letzte Hindernis wird angesprungen und
erklommen,
mit letzter Kraft gezogen, nicht bedacht, wem dort
die Schüsse galten.
Schon hat der eine es geschafft und ruft den
Freund, noch selber ganz benommen.

Doch der, das Hindernis zur Freiheit auch schon
fast bezwungen,
schreit in Verzweiflung auf, vom Kugelhagel
mehrfach schwer getroffen,
stürzt hoffnungslos, von seinem Blute überströmt
herab. – Es ist ihm nicht gelungen!
Gedungene Schergen siegten über ihn mit ihren
Waffen.

Der Jüngling spürt, wie sein Bewusstsein
schwindet;
er ruft um Hilfe, doch keine Rettung naht.
Kein mitleidsvoller Blick sich hier auf dieser
Seite findet.
Unmenschlich das Verbrechen, sinnlos war
die grauenvolle Tat.

Hilflos, voller Zorn in ihrer Gestik und im Blick
schreien Zeugen hinter jener Grenze: „Mörder,
Mörderbande!"
Doch ändert das nicht Peter Fechters trauriges
Geschick,
der dort verblutend liegt, durch eine Untat
fürchterlicher Schande.

Eine Ewigkeit, fast eine Stunde musste erst
vergehen,
bis einige Befehlsempfänger endlich kamen und
ihn fanden.
Das erste Opfer einer künftig langen Kette von
blutigem Geschehen
trug man nun fort, getarnt in hastig ausgebrachtem
Nebel sie verschwanden.

Ein Bild von tiefer menschlicher Enttäuschung und
von Trauer,
von Wut und Scham und innerer Betroffenheit.
So starb, erst 18 Jahre alt, ein Peter Fechter an der
Mauer.
Er hat sein junges Leben der Freiheit aufgeopfert
in großer Not und bitt'rem Leid.

Die Saat der Freiheit, sie war lange vorher schon
gelegt
und immer wieder neu ward ihre Erde mit dem
Blut der Maueropfer rot getränkt.
Der starke Baum, der daraus wuchs, hat eine lange
leidensvolle Zeit geprägt.
An ihm wuchs tausendfache Frucht der Hoffnung,
dass endlich uns die Freiheit wird geschenkt.

Nun hat sich alles längst vollzogen,
und viele sind davon noch ganz betroffen.
Nur langsam spannt sich über uns der Einheit
Bogen,
und sicher gibt es lange Zeit noch unerfülltes
Hoffen.

Doch, was erwartet wird, das ist Gerechtigkeit.
Zu lange war sie für so viele ein unerfüllter Traum.
Auch wenn der Weg nun schwierig ist nach Jahren
der befohl'nen Schweigezeit,
steht leidvoll Peter Fechters Tod noch immer
ungesühnt im Raum.

Anklage

Betrogen um die besten Jahre,
geprellt um manches kleine Glück.
Längst sind ergraut schon unsre Haare.
Trotz Arbeit ging es nur zurück.

Die da schrien und Fahnen schwenkten,
sich in Ideen stur verrannten,
sie warn's, die sich den Hals verrenkten,
als man die Schuld beim Namen nannte.

Welch Leid für Jugend und für Kinder:
Mit doppelter Moral erzogen
von den System-Bewusstseins-Schinder,
die Charaktere uns verbogen.

Wer soll Vertrauen wem erweisen
in einem Land der Not und Lüge?
Wer wird verlor'ne Macht noch preisen,
die auflöst sich und ihr Gefüge?

Wenn jetzt der Aufbruch nicht gelingt,
zerschlagen wird das alte Joch,
das Leid in Hoffnungslosigkeit versinkt.
Versteht den Ernst der Stunde doch!

Schließt jetzt die Reihen enger!
Erwacht, drängt vorwärts, macht nicht kehrt!
Bleibt fest der Wille, umso länger
behält Erkämpftes seinen Wert.

Gefährliche Symbiose
der Macht

Ist die Macht mit Dummheit verwoben,
kommt bald darauf die Angst nach oben.
Aus ihr wird Gewissensterror geboren;
die Freiheit hat dann schon lange verloren.
Es wird alles, auch Einzelnes überwacht.
Das hat die gefährliche Symbiose gemacht.
Bald entsteht daraus ein tödliches Mordgenie;
es gleicht dem gefährlichen Nitroglycerin.

Alles beherrscht und von oben entschieden,
ob du geduldet wirst oder gemieden.
Geheim auch Post und Wohnung überwacht;
die Menschen zur Akte, so wird es gemacht.
Womöglich steht darin, du bist ein Christ,
der gesellschaftlich nicht zu gebrauchen ist.

„Wir mauern euch ein, so seid ihr geschützt."
Das hat in der Angst den Genossen genützt.
Doch eure Not sich als Notdurft erwies
und euch von den goldenen Thronen stieß.

Oben schwimmen heißt nicht gesiegt haben

Auf einem Meer schwamm einst ein rotes Boot
und kam durch das, worauf es fuhr, in Not.
Denn selbiges drang ein durch Poren,
die sich das nasse Element erkoren.
Trotz Schöpfen schnell und wie im Wahn,
sank immer schneller dieser Kahn.
Schon bald war nichts von alledem
auf diesem Wasser noch zu sehn.

So zeigt es sich auch oft im Leben,
dass die, die sich so sicher wähnen,
vor Sattheit stets noch mehr erwarten,
plötzlich in ihr Unheil starten.
Und bei denen Halt sie fanden,
fallen sie in Schimpf und Schanden.

Und die Moral von der Geschicht´:
Treib es mit denen zu toll nicht,
die dich im Leben müssen tragen
und sich für deinen Wohlstand plagen,
denn es könnte sonst passieren,
dass du alles wirst verlieren.

DDR-Richter sprachen „Recht"
-Verhöhnung der Opfer-

Die Schmach ist nicht vergangen.
Das Unrecht nicht vergessen,
als man sie hielt gefangen
nach Richterspruch - vermessen.

Ziel war, den Geist bei dem zu töten,
der sich nicht unterwerfen wollte
der widerstand in seinen Nöten
und jener Macht nicht Beifall zollte.

Ein Zynismus unserer Tage,
in denen freies Recht gesprochen:
Gestraft wird nicht, da keine Klage. –
Betroffenen das Herz gebrochen.

Im Fenster reichte einst ein großes „A".
Der Abschiedswunsch, die Heimat zu verlassen,
dass man es öffentlich bekannte und auch sah. –
Der Freiheitswille, er ergriff die Massen.

Es reichte, offen für den Frieden sich zu zeigen,
die diplomatische Vertretung aufzusuchen,
mit einer Kerze Kirchentreppen zu besteigen
und Stacheldraht und Mauer zu verfluchen.

Schon war man abgeführt und arretiert,
dem Richter vorgeführt und abgestraft.
Nach Weisung wurde eine Schuld fingiert.
Es folgten Urteilsspruch und lange Haft.

Heute will man Opfer rehabilitieren,
doch geht das nicht mit einem Richter, der
wahre Schuld verkennt.
Oft ist er selber Täter, der sich mit einer
Unschuldsaura ziert.
Wo ist die Kraft, die wirklich Ross und
Reiter nennt?

Zynismus dieser Tage!
Ist man in alte Muster noch verstrickt?
Geführt wird sicher immer neu die Klage;
man hofft, dass dann Justitia einmal siegt.

November 1989

Macht, die ihr euch selber habt genommen –
ein Zerrbild aus dem Spiegelkabinett.
Gerechtigkeit war längst verkommen,
und Narretei ging mit der Freiheit in ihr Bett.

Führungskraft, welch fades Wort!
Anspruch war es ohne Recht,
Unterdrückung, seelisch Mord.
Geistig tot, da lebt sich's schlecht.

Angst und Ungewissheit vor den Augen,
der Blick auf Macht, Beton und Gatter.
Ihr konntet dem Volk das Blut aussaugen.
Der Mensch, wie ein Kaninchen vor der Natter.

Doch als es unerträglich war,
zum Himmel schrien Demütigungen,
da wurde plötzlich jedem klar,
der Krug war übervoll gesprungen.

Die Straße ward ein Tribunal,
erzwungen friedvoll, doch mit Macht.
Die Mauer, Volkes Schmach und Qual,
stürzt ein in der Novembernacht.

Übermannt vom Schrei der Freude
und von den Tausenden der Hände,
die sie schwenken all die Leute,
Blumen reichen sie und Spende.

„Nie wieder schweigen!"
ist heute in die Herzen eingeschrieben.
Furcht werden wir nie wieder zeigen. –
Wir sind nicht umsonst geblieben.

Von der Sowjetunion lernen, heißt siegen lernen!

(Slogan der SED-Diktatur)

Das alles haben wir erlebt
und haben stets dabei gebebt.
Wir haben vor Wut geheult
und uns die Herzen verbeult.

Kein Siegen erlebten wir,
siechen mussten sehr viele hier
als Schinder für all diese Bonzen,
die uns aussogen wie die Wanzen.

Der Popanz war für sie das Volk,
was man einsperren ließ und molk.
Die Freiheit, schaurig betrogen
und auf dem Papier gelogen.

Der Kampf mit dem roten Drachen
war kein Kabarett zum Lachen,
denn Rohre mit Pulver und Blei
sie machten vom Leben uns frei.

Doch als endlich eure letzten Tag grauten,
die Oberfuzis TV-Nachrichten schauten,
war alles geklärt, wir siechten nicht mehr.
Ein Sieg, eine Wende ohne Rückkehr.

Heimlich in der Nacht
(Januar 1990)

In der Finsternis der Nacht
schleichen zähnefletschend Hunde.
Sie kämpfen um die alte Macht,
steh´n mit Gewalt und Angst im Bunde.

Angst vor neuer Unterdrückung
mit der Gewalt kastrierter Freiheit,
bei der befohlene Verzückung
ein Hoch dem Imperator schreit.

Noch eben hat man sich gewendet
und sich dem Volke zugewandt,
hat sich der Toleranz verpfändet
und freie Wahlen angemahnt.

Das Raubzeug wurde angeklagt,
Gewalt und Mauer abgeschworen,
Meinungsfreiheit angesagt,
Gespräch am Runden Tisch geboren.

Demokratie, sie keimte schon,
Parteien plötzlich neu entstanden.
Wie ein schon lang ersehnter Lohn
sich Menschen fest zusammenfanden.

Da roch es plötzlich nach Verrat
im ganzen Lande wieder.
Da legte man die faule Saat
trügerisch in Herzen nieder.

Verdunkelt wurde nun erneut,
Beweise waren rasch verbrannt.
Das Recht zu beugen, keiner scheut,
schnell noch bevor die Tat bekannt.

Und heimlich in dem Schutz der Nacht,
schon wieder alte Räuber sprachen.
Strukturen ihrer alten Macht
woll'n sie erhalten und bewachen.

Es ist wie eine Geisterbahn,
in der arglos Menschen fahren,
und Fabelwesen wie im Wahn
uns schrecken oft in Scharen.

Da zeigt sich grausam ein Vampir
mit schrecklich scharfen Zahn,
der uns das Blut aussaugt mit Gier
für sich und seinen Clan.

Mal schleicht umher ein Ungeheuer
greift rücksichtslos nach Menschen wild.
Vernichtet alles mit dem Feuer,
was aus ihm voller Bosheit quillt.

Und in der wilden Fahrt mit Beben
steht bleich ein schauriges Gerippe.
Macht zeigt es über Tod und Leben
mit scharf geschliff'nem Stahl, der Hippe.

Doch, wie sie so beisammen hocken,
und Angst verbreiten in dem Land,
mit falschen Reden Menschen locken, -
da schreibt's mit Feuer an die Wand:
„Die letzte Chance ist nun vertan,
gebrochen euer letztes Wort.

Zu Ende geht jetzt euer Wahn,
entmachtet treibt der Sturm euch fort.
So habt ihr künftig nun zu bangen
mit Armut, Schande, harter Arbeit,
Angst vor dem Volk, dass sie euch fangen.
Sühnt so für die Vergangenheit!"

„Wir sind das Volk!"

Da, wo die Verzweiflung siegt,
Unrecht über Mauern schreit,
wo Gewalt am stärksten wiegt,
macht sich Aufbruch plötzlich breit.

Böses vergeht, Gutes entsteht

Ein Ungetüm brutaler Macht,
Bollwerk gegen jede Freiheit,
die schlimme Wunde höhnisch lacht,
verbreitet Übelkeit und Leid.

Doch da, wo die Verzweiflung siegt
und Unrecht über Mauern schreit,
wo die Gewalt am stärksten wiegt,
da macht sich Aufbruch plötzlich breit.

Keinen Platz hat Angst dann mehr.
Vertrauen wächst in eigne Stärke.
Das Volk setzt sich mit Macht zur Wehr
gegen all die bösen Werke.

Durch diese Kraft die Mauern fallen.
Kein Stacheldraht mehr Menschen zähmt.
Freiheitsrufe weithin schallen.
Keiner, der uns jetzt noch lähmt!

Vereint sind Menschen gegen Unterdrückung;
erkämpfen Freiheit ohne die Gewalt.
Alle Herzen sprühen vor Beglückung. –
Epochales wurde da für uns Gestalt.

Bedrängnis

In der Bedrängnis unsrer Zeit
entstehen täglich neue Theorien.
Wer unterscheidet deutlich und gescheit
da zwischen geiler Macht und ehrlichem Bemühen?

Täglich stellt man neue sorgenvolle Fragen.
Vertrauen in die alte Führung schwindet immer
weiter.
Erfahrungen mit pervertiertem Recht gebären
neue Klagen,
und ohne Hoffnung auf Partei, geht jetzt so
mancher Leiter.

Schon werden aus der neuen Mannschaft, die man
kürte,
Minister ausgewechselt, festgenommen, angeklagt,
weil mancher Böses tat und unser Volk verführte
und Unerhörtes sich in der Vergangenheit gewagt.

Die Menschen sind enttäuscht, empört, zu Recht
erzürnt.
Um sich in dieser Wut zu äußern, wird gestreikt
und alte Machtpaläste von dem Volk gestürmt.
Das Gespenst der Anarchie am Horizont sich zeigt.

Vom Krebsgeschwür der alten skrupellosen Macht
sind wir noch immer nicht ganz rückhaltlos befreit.
Sie ist es, die uns heimlich, höhnisch jetzt verlacht,
wenn man erstickt vor Zorn und voller Übelkeit.

Doch Gnade euch, ihr habt die Zündschnur selbst
gelegt
an der Schicksalsbrücke dünnster Zeitenstelle.
Weh euch, wenn jetzt hier einer Feuer schlägt. –
Versinken werdet ihr, ein Fraß der hohen Welle.

Das Tor zur Freiheit
(aufgestoßen am 09.11.1989)

Was war geschehen in der Nacht,
als keiner schlief und jeder wacht?
Das Tor zu Brüdern, es brach auf. –
Die Freiheit, sie nahm ihren Lauf.

Was keiner glaubte noch davor,
nur hoffte, dass es brach das Tor,
es wurde wahr in jener Stunde
und alle Welt vernahm die Kunde:
„Freiheit, Würde, Menschenrechte,
nie wieder Terror, keine Knechte!"

Es brach hervor aus tausend Kehlen,
und keiner konnt´ die Menschen zählen.
„Wir sind das Volk, wir sind ein Volk!"
Begeistert jeder Beifall zollt.

Und wie es immer wieder schallt,
ganz friedlich, ohne die Gewalt,
da sah man gegen alle Normen
Blumen an den Uniformen.
Trotz aller Waffen völlig machtlos,
 ward nun aus Schicksals dunklem Schoß
die Stunde X geboren,
die sich das Volk erkoren.

Als man sich in die Arme schloss,
ein Strom von Freudentränen floss.
Da war es fest besiegelt:
Zerbrochen war der Riegel,
der uns den Weg zur Freiheit
bei aller Schmach und Bitterkeit
zu lange schon verschlossen hielt.
Mein freudevollstes, schönstes Bild!

Die Nacht am Brandenburger Tor

Ein Bild läuft um die Welt:
Es jubeln Jung und Alt,
und aus den Steinen quillt
ein Hoffnungsschrei, der schallt.

Er überspringt die Grenzen. –
„Berlin nun freue dich!"
Mit Freudentränen tanzen
die Menschen außer sich.

Das Brandenburger Tor ist wieder offen,
zum Torso wird die Mauer,
und alle können endlich wieder hoffen,
ein Fluch gilt dem Erbauer.

Ungezählte Menschen kamen,
obwohl der Himmel weint.
Sie alle sind der Samen,
der unser Volk vereint.

Viel Licht und auch viel Trauer
hat dieses Tor erfahren.
Geschändet durch die Mauer
in achtundzwanzig Jahren.

Finsternis wird jetzt vergeh'n,
ein heller Tag bricht an.
Fest werden wir zusammen steh'n.
Vereint gelingt es dann.

Die Siegesgöttin fährt mit der Quadriga ein.
Ihr Gruß gilt uns und der Geschichte Lauf.
Befreit hat sie das Volk aus seiner Tyrannei,
schenkt Mut und richtet Menschen wieder auf.

Die Nacht, in der das Leid verging

Dass ich das erleben kann,
wie ein ganzes Volk aufsteht
und zieht die Welt in seinen Bann:
Die Nacht, wo alles Leid vergeht.

Das Volk sprengt Ketten und die Mauern,
entflammt den Ruf nach seiner Freiheit
wo die Menschen nicht mehr trauern. –
Kein Traum, es wird uns Wirklichkeit!

Millionen Kehlen künden Jubel,
mit Freudentränen jedermann,
verbreiten einen Wahnsinnstrubel. –
Kein Mensch, der heute schlafen kann!

Plötzlich geht es ohne Feind,
und Beton daran zerbricht,
was die Menschen alle eint:
Sieg der Vernunft und Zuversicht!

Wieviel Leid und welche Not
hat Unterdrückung uns gebracht?
Ja, dieses Schandmal brachte Tod
durch Tyrannei und ihre Macht.

Seid glücklich, dass ihr es noch seht,
wie die Schreckensmauer fällt,
dass sie schneller noch vergeht,
als ein Menschenleben zählt.

Jetzt gilt's d'raus Häuser zu errichten,
in denen Menschen glücklich sind,
wo es sich träumen lässt und dichten
und wo der Mensch zum Menschen find't.

Einigkeit

Hast du gesehen, wie es geht,
wenn ein Volk zusammensteht
und alte Macht zusammenbricht,
der man nicht traut, was sie verspricht?

Hast du erlebt, wie schnell und ganz
man sich befreit von Ignoranz
und von der Lüge, vom Betrug,
wie schnell ein Steuer dann umschlug?

Noch eh du es so recht verstehst,
und fragend auf die Straße gehst,
da brannte eine Festung aus,
es stürzte um ein Kartenhaus.

Als man noch spürte die Gewalt,
und noch mit Knüppeln ward bezahlt,
da brach dem Kapitän das Steuer;
zur Rettung kam ein „Alter Neuer".

Doch mit dem Ruf „Verständigung!"
gelang die Wende nicht mit Schwung.
Die Menschen fordern ihre Rechte:
In Freiheit leben, nicht als Knechte.

Justitia ward aufpoliert,
Gesetzentwürfe deklariert.
Doch keines traf davon den Kern:
verrechnet hatten sich die Herrn.

Der Freiheit Drang war ungeheuer,
entflammt ein infernales Feuer.
Zurück geht niemand heute noch.
Begreift den Geist der Stunde doch!

Da brachen Mauern, fielen Schranken.
Vollends kommt die Macht ins Wanken,
die sich selbst nur immer kannte
und sich in Selbstbetrug verrannte.

Entmündigung ist längst vorbei.
Das Volk, was kämpfte, ist jetzt frei.
Seid wachsam, werdet niemals blind!
Legt sich der Sturm, dann säuselt Wind.

Behaltet stets in euren Sinnen,
dass Einigkeit nur kann gewinnen!
Vergesst auch nie, was vordem war,
und haltet Herz und Sine klar!

Die Brücke der Einheit

Am 10. November 89 war ich auf dieser Brücke!
Es gab nur eine Richtung für die Autos und für
1000 Menschen, die sich grüßten.
Ein dichtes Drängen, ein Autowurm, da gab es
keine Lücke.
Autohupen, Menschen sangen, sich umarmten und
auch küssten.

Ein Rausch des Glücks ging durch Berlin die ganze
Nacht.
Wohl keiner hatte noch zuvor ganz sicher dran
geglaubt,
dass sie zerbrach, die tief verhasste alte Macht,
die lang genug den Menschen ihre Freiheit frech
geraubt.

Menschen ließ man foltern, töten und zerbrechen.
Doch ihr Blut zerfraß das Fundament der Mauer.
Über Flucht konnt' man nur im Geheimen
sprechen. –
Alles ertragen nur unter Leid und großer Trauer.

Demokratie und das Recht waren verkommen,
sie wurden die Huren der Indoktrination.
Die Hoffnung auf Reformen war längst genommen,
verfolgt jede politische Opposition.

Jedoch das Land erstarrte nicht durch diese
Schmach.
Es wuchs die Zuversicht mit friedlichen Signalen.
Die Angst vor aller Unterdrückung, sie zerbrach.
Gebete und Lichter ließen Herzen hoffnungsvoll
erstrahlen.

Dann brach er los, ein Hurrikan mit übergroßer
Macht,
doch friedlich, in den Händen tausend Kerzen
mit nur einem Wunsch, nach Freiheit tief im
Herzen.
Ja, unser Vaterland war endlich wieder
aufgewacht!

Frei ist unsre Atemluft seit dieser Nacht,
die unserm Leben Glück und Zukunft spendete.
Ein Sieg, erkämpft durch Volkes souveräne Macht.
Ein Sieg, der unser Schicksal friedlich wendete.

Beschwören will ich euch bei meinem Leben:
Seid auf der Hut und achtet immer streng darauf,
dass euer ganzes Tun, all euer Streben
gewidmet sei der Freiheit, ihrem Siegeslauf!

Die Heilands Kirche am Sacrower See

(erbaut1844 von Ludwig Persius nach Skizzen von
König Friedrich Wilhelm IV.)

Sie haben es niemals vermocht,
zu löschen den brennenden Docht.
Trotz der Bedrängnis in 28 Jahren,
ist dem Gotteshaus nun Heil widerfahren.

Gewalt und Willkür von Staat und Partei
zerstörten Skulpturen und Malerei,
durchdrangen das Dach, die Fenster, die Mauer,
verspotteten Kunst, Architektur und Erbauer.

Und vor der Arkaden zarten Gliederung
wurde zur endgültigen Verhinderung
von Flucht, aus Beton die Todesmauer errichtet
und Menschen auf Menschen zu schießen
verpflichtet.

Statt friedlichem Geläut vom Campanile
herrschte eisig kalter Kommandowille.
Zu Hundegebell und höhnischem Gejohle
mischten sich Schüsse aus Gewehr und Pistole.

Die Heilands Kirche, sie wurde entweiht –
ein böses und schlimmes Denkmal jener Zeit.
Sie trug wie der Herr in Geduld diese Schande.
Geächtet war sie, nicht mehr erwähnt im Lande.

Doch war die Hoffnung immer noch geblieben,
selbst als zerstörend auf Dächern schon Bäume
trieben.
Der Geist der Vielen konnte die Kirchenmauern
erhalten,
den Glauben an Ostern stärken und Neues
entfalten.

Und endlich kam sie, die „Zeit danach",
befreite die Kirche von Schande und Schmach.
In Dankbarkeit spendete jeder gerne,
damit der Tag nicht mehr allzu ferne,
wo Kirche wieder das Haus Gottes war.
Im 89iger Wendejahr
viel Hunderte zum Christfest kamen.
Sie legten so den neuen Samen
für das Kleinod dort am Havelsee:
Ein Friedenszeichen von göttlicher Idee.

Schon bald erstrahlte alles neu im alten Glanz.
Doch gebühren Ehrungen und Siegerkranz
nur ihr, der so Geschundenen, Geschmähten.
Sie öffnete sich neu, um Dank zu beten.

Jüngst wurde dieses Werk vollendet
mit neuer Orgel, die allen sendet:
„Allein Gott, in der Höh´, sei Ehr´".
So viele Menschen kamen her,
um Glauben zu erleben und das zu hören
und aller Vergangenheit abzuschwören.

Erfolgreicher Weg?
(nach einer Sitzung am Runden Tisch)

Müde geht ein Tag zu Ende,
nach der ach so schnellen Wende.
Ein Tag voll Kraft und Diskussionen,
mit manch vertanen Illusionen.

Nach all der ersten Euphorie
ist oft nun Alltagsironie,
die uns den Weg so steinig macht
und unverhohlen höhnisch lacht.

So mancher Schlüssel ging verloren,
bevor das neue Kind geboren,
dass den Namen Freiheit trägt,
die uns als Glocke plötzlich schlägt.

Wer übte mit dir Menschenrechte?
Doch nie die etablierten Mächte.
Da stehst du hilflos im Gewimmel,
weit über dir der Freiheit Himmel.

Und in den Ecken, hinter Mauern
die alten Chauvinisten lauern.
Sie haben sich ganz schnell entbunden
von ihrem Wort - und neues Recht erfunden.

Sie setzen heimlich auf Erfolg,
auf Kühe, die man früher molk.
Da werden Ämter neu verteilt
und die Zukunft spitz gefeilt.

Das Volk, das kämpfend es errang
und alte Macht zu Boden zwang,
wird wieder nun erneut belogen
und um das Morgen jetzt betrogen.

Doch noch einmal geht es friedlich nicht.
Beim nächsten Sturz ist Blutgericht.
Gebete und Kerzen, die nicht schießen,
werden dann nur aus der Ferne grüßen.

Seid klug und denkt an eure Not,
es färbt sich sonst die Erde rot!
Denkt an das Land mit seinen Kindern,
und legt kein Feuer an die Zünder!

Besinnt euch, was des Volkes ist!
Erkennt, nur kurz ist eure Frist!
Gebt einer letzten Chance Raum,
dass sich erfüllt der Menschen Traum!

Kuchen und Tee
oder untergeh´n

Und es kam der Tag, an dem erschien das große
Licht.
Wir schauten beglückt und hofften und fassten
es nicht.
Nach dem Licht haben wir dunkle Wolken gesehen;
es deuchte uns, als wollte die Welt untergehen.
Als es dann losschlug mit Blitz und mit
Donnergebraus,
so dass uns nichts schützte, kein Baum und kein
Haus,
da trieb das Wasser mit wildem Brausen und
Toben
Schlamm und Geröll als Auswurf der Erde nach
oben.

Da saßen die ewigen Kapitäne zur See
in ihren Schiffen vergnüglich bei Kuchen und Tee.
Voller Mitleid haben sie in den Strudel geblickt
und jenen, die kämpften, ein müdes Lächeln
geschickt.

Jetzt weißt du, wofür du so lange gerungen,
für wen auch du die neuen Lieder gesungen,
warum die Menschen ins Licht traten hervor.
Sie haben mit all ihrer Kraft das Schleusentor
geöffnet nach den traurigen vierzig Jahren;
nicht dafür, dass die Alten wieder zur See können
fahren.

Um Hilfe flehend werden sie untergehen.
Ihre Namen werden vom Winde verwehen.

Wendehals

Was früher falsch, ist heute richtig.
Was schwarz war, ist jetzt plötzlich weiß.
Verbot´ne Fragen sind jetzt wichtig. –
Betrug und Wahrheit steh´n im Kreis.

Da, wo die Menschen aufbegehren,
endlich trotzend der Gewalt,
will uns der Wendehals belehren.
Doch seine Rede schnell verhallt.

Der Angst und der Gefahr zum Trotze,
vom Volk entlarvt zu werden und verlacht,
hängt er sein Fähnchen schnell zum Schutze
in jeden Wind, der heute neu entfacht.

Nicht achtend, was er früher pries,
jetzt lobend, was verboten war.
Mit denen, die er knechten ließ,
stellt er ein „Neues Bündnis" dar.

Verfolgt, erniedrigt und gepeinigt,
missachtet und schon halb vergessen,
steht auf ein Volk und will sich messen;
nicht ruhend, bis es sich gereinigt.

Da hilft dem Heuchler keine Fratze.
Reißt ihm die Maske vom Gesicht!
Erkennt den Wolf mit schwarzer Tatze!
Der Schafspelz schützt ihn davor nicht.

Seit mutig, schließt die Reihen!
Lasst die Falschheit nie mehr zu!
Ein Volk will sich befreien; -
glücklich leben – ich und du.

Es wird Licht

Da wachsen plötzlich rosarote Blüten an dem
Baum
und Früchte reichlich groß und prächtig.
Was wir jetzt erleben, gleicht einem
wunderschönen Traum.
Ist es ein Trugbild stark und mächtig?

Uns halten Ketten nicht mehr fest,
gefangen sind wir nicht mehr hinter Mauern,
und was wir hassten wie die Pest,
lässt keinen von uns länger noch erschauern.

Die Gräben vielfach schon verfüllt,
all die Peiniger von uns entmachtet,
vom Anspruch, der dem Volk zufällt. –
Über vierzig Jahre lang missachtet.

Die starken Kräne tuen ihre Arbeit jetzt
und reißen ab den Wahnsinn, den wir zahlten.
Der Stacheldraht wird klein gehäckselt und
zerfetzt.
Es fallen Wände, die so bunt bemalten.

Da schallt ein Ruf nach Rechenschaft und Sühne
hin zu diesem Wachsfigurenkabinett.
Sie treten an auf überfüllter Bühne
und heucheln Reue, verständnisvoll und nett.

Doch weht ein kalter Wind auf diesen Brettern,
und mancher wird hinweggefegt vom Sturm der
Zeit.
Es wird die Schuld in riesengroßen Lettern
auf eurer Stirne stehen, für uns sichtbar weit.

Jetzt müssen alle Menschen lernen,
von Vorbehalten frei zu denken und zu handeln;
nicht nur zu greifen nach den Sternen,
nicht alles nur zerschlagen, sondern klug zu
wandeln.

So wird ein freies Volk entstehen;
stolz wird es sein und souverän in seiner Würde.
Nie wieder darf es uns geschehen,
dass wir sie tragen müssen, Fesseln schwerer
Bürde.

Freiheit steckt an

*Nun endlich wird der alte Schmeiß
gefangen und dann abgeführt,
damit ein jeder später weiß,
ihr habt Verbrechen angeführt.*

Der zweite Prager Frühling

Knospen brechen auf im Winter:
Prager Frühling zieht herauf.
Gegen Druck der alten Schinder
leuchten tausend Kerzen auf.

Heil´ger Wenzel schaut von oben
auf sein Volk, das an ihn glaubt.
Die Freiheit will er ihm neu loben;
erbarmungslos ward sie geraubt.

Kommandos schallen durch die Nacht,
und es stinkt nach Blut und Tod.
Brutal zeigt sich die alte Macht;
Menschen schreien in der Not.

Das hat entfacht den Flächenbrand:
Moskau, Leipzig und nun Prag.
Das Volk steht auf in jedem Land,
sein Recht ertrotzend Tag für Tag.

Prager Forum fordert Rücktritt
von allen Häschern und Tyrannen
und freie Wahlen. Welch ein Fortschritt!
Die Knechtschaft werden sie verbannen.

Die Menge Generalstreik schrie –
Studenten, Arbeiter und Jugend.
Das Machtmonopol zerschlagen sie,
und Ehrlichkeit wird neue Tugend.

Schon lenken Machterhalter ein,
plötzlich rühmend neue Wege.
Doch das geschieht so nur zum Schein,
auf dass der Sturm sich wieder lege.

Da gibt es nichts zu restaurieren!
Berlin und Leipzig, Dresden, Prag,
mit euch woll'n wir gemeinsam führen
den Kampf um den Novemberfrühlingstag.

Bukarest brennt

Ein lang geschmähtes armes Land
erhebt sein Haupt und schreit nach Freiheit.
Trotz Finsternis die Schmach erkannt
hat jetzt das Volk in seinem Leid.

O Fluch den alten Stalinisten,
der Macht so vieler alter Waffen!
Es laufen ab jetzt eure Fristen.
Rumänien, du wirst es schaffen.

Es wird besiegen euren Hochmut,
die Arroganz und Barbarei.
Ihr sätet Hass und erntet Wut,
doch keiner hört jetzt euren Schrei.

Noch trommeln Schüsse durch die Luft,
und heimlich graben alte Henker
für Kinderleichen eine Gruft –
ein letzter Gruß von ihrem Lenker.

Nacht senkt sich über dieses Land.
Ohnmächtig in der Wut, im Schmerz,
die Seelen sind im Leib verbrannt,
steh´n Menschen mit zerriss´nem Herz.

Jetzt steht das Volk geschlossen auf,
vereint mit der Armee im Land.
Jetzt nehmen sie den Tod in Kauf.
Gemeinsam ist das Ziel erkannt.

Noch einmal sich die Straßen färben
vom Rot, das zwischen Macht und Leben fließt.
Doch dann verkriechen sich die Schergen
wie Ratten, auf die ein jeder schießt.

Nun endlich wird der alte Schmeiß
gefangen und dann vorgeführt,
damit ein jeder später weiß,
Verbrechen habt ihr angeführt.

Und alle Menschen werden frei sein
von der Folter, seinem Knechte.
Leuchten wird am Horizont ein Schein. –
Das Volk erkämpfte seine Rechte.

Die sterbenden Kinder
von Cighid

Das Schlimmste was ich sah und dabei litt,
das sind die Kinder von Cighid,
die nach der Prüfung in den Heimen
für nicht „verwendungsfähig" scheinen,
nicht für den Dienst in der Sekuritate
in diesem maroden Verbrecherstaate,
nicht in das perverse Zuchtprogramm passen,
weil sich mit ihnen nicht morden lässt, heucheln
und hassen.
„Sterne der Zukunft" über der Tür der zentrale
Spruch
von einem Ceausescu mit Grabesgeruch.

Im Griff des Diktators – mit eisernen Kralle
hatten die Frauen in jedem Falle
möglichst fünf Kinder zu „produzieren"
und sie der Partei und dem Staat zuzuführen.

Da wurde, was schwach war und Rücksicht erbat,
gestrichen von künftig helfender Tat. –
Im alten Jagdschloss von Cighid
ein eiserner Riegel ihnen das Leben abschnitt.

Endstation war es für Kinder so viele,
ob kranke, ob schwache oder debile.
Einmal verbracht in die Hölle voll Leid,
war Abschied vom Leben in Einsamkeit.

Nicht Hilfe, noch Wärme, kaum Wasser und Brot,
hier liegen die Kinder im eigenen Kot,
sind wehrlos der Krankheit und Not ausgesetzt,
und keiner, der heilt, wenn eines verletzt.
In trostloser Isolation gefangen
mit eingefallenen Augen und Wangen,
im Käfig verschlossen an jedem Tag,
ohne ein Fenster im Kellerverschlag. –

So wird vegetiert und bald schon gestorben
und heimlich begraben und alles verborgen.
Kein Mensch, der in dieser Lethargie
aushält und arbeiten kann, wenn es schrie,
wenn auf den Pritschen und in den Ecken
sich Bündel von kleinen Menschen verstecken,
die näher dem Tode sind als dem Leben,
vor Kälte und Hunger sich kaum noch regen.
Erbarmungslos! – Keiner, der Rührung empfand,
keiner, der da zur Menschlichkeit mahnt.
Keiner, der liebt um der Kinder willen,
keiner, um ihre Schmerzen zu stillen.
Nur einen Weg gab es in dieser Not,
der führte durch Hölle direkt zum Tod. –

O, Mensch in einem solchen Staat,
was legtest du für eine Saat?
Wenn sie einst keimt und wächst heran,
keiner ihr mehr entfliehen kann.
Es ist die Saat, die das Leben verachtet,
aus denen der Tod blüht und Gräber schachtet. -

Verlasst euch, wer Kinder tötet und nicht rettet,
ist schon zu Lebzeiten an Felsen gekettet,
wo über ihm hungrige Raben kreisen,
die ihm das Hirn und das Herz herausreißen.

Der Brand von Kosovo

Milosewic – ohne Glaube an ein Gericht,
machst dich zum Mörder und Tyrann.
Hörst auf die Stimme des Volkes nicht.
Starrsinn der Macht hält dich im Bann.

Du hast zeitlebens Stalin verehrt
und Husseins Wahnsinnsideen.
Womit hat dich deine Mutter genährt?
Menschlichkeit wurde bei dir nie gesehen.

Was kümmert dich Elend und große Not,
Vertreibung der Menschen aus ihrem Land?
Was kümmert dich Folter und grausamer
Tod
an Kindern und Alten, von Schmerz
übermannt?

Gepeinigt von Hunger und Kälte,
von Angst und übergroßen Schmerzen,
zieht ein Strom von Menschen, gequält,
ohne Hoffnung in ihren Herzen.

Das Haus und das Land verloren,
massakriert wurden Vater und Mann,
völkischer Hass auf ewig geschworen. –
Ungewissheit, was noch folgen kann.

Schande verübt an Mädchen und Frauen.
In Massengräbern die Toten verscharrt.
Kann dein Volk noch Schlimmeres schauen?
Hat sich der Tod mit der Mordlust gepaart?

Gelobt werden Mord und Vertreibung,
Menschen benutzt als wehrloser
Schutzschild.
Zerstörung, Raub und Einverleibung,
sie zeichnen das tägliche Schreckensbild.

Wer kann das steinerne Herz erweichen?
Wer kann den Diktator zur Umkehr zwingen?
Wer deutet ihm seine Schicksalszeichen,
die ihm die Todesengel überbringen?

Milosewic, öffne deine Augen!
Öffne dein Herz und deine Ohren!
Dein Kampf schafft nur Hass, niemals Vertrauen.
Die Macht hast du lange schon verloren.

Kein Ende in Sarajevo?
oder
Sarajevo – ein Schrecken ohne Ende.

Sarajevo – welch ein Wort unserer Tage!
Inbegriff der Intoleranz und des Hasses
im zerrissenen Jugoslawien.
Erfahrung unendlichen Leides,
Schrei der Verzweiflung –
und doch keine wirkliche Hilfe.

Ein Leben ohne jede Menschlichkeit,
beraubt aller Rechte und der Würde,
schutzlos ausgeliefert der Heimtücke
unzähliger Feuerrohre mit Qualitätssiegel,
die Köpfe und Leiber zerplatzen lassen,
die Arme und Beine abreißen,
die blind machen und töten.

Männer und Söhne hundertfach exekutiert
und in Massengräbern namenlos verscharrt.
Frauen und Mädchen auf Befehl vergewaltigt.
Das Blut auf den Straßen trocknet nicht mehr -
ein Feuchtbiotop besonderer Art
aus Leid, Verzweiflung und Schmerzen.

Wer in diesen Tagen kein Wasser bekommt –
verdurstet.
Wer nicht einen Laib Brot erkämpft – verhungert.
Wer nicht einem Baum ein Stück Holz rauben kann
– erfriert.

Eingesetzt werden die letzten Reserven von Kraft,
um Gräber zu schachten;
unendlich viele – jede Familie die ihrigen.
Die Toten gelegt in das einzige Feld, was keine
Trümmer bedeckt:
Das Feld der hehren Ideen olympischer Spiele,
wo einst die Jugend der Welt sich zum
friedlichen Wettstreit traf. –
Welch ein Zynismus! Jetzt eine endlose
Prozession des Todes.
Sarajevo – Hauptstadt von Bosnien-Herzegowina,
einst Abbild friedlichen Zusammenlebens
einer halben Million Moslems, Serben und Kroaten.
Seit zwei Jahren belagert, zerbombt und
zerschossen.
Vom Hass zerfressen, der alles zerstört.
Auch internationale Hilfe scheitert permanent:
Rotes Kreuz – verzweifelter Versuch, Frauen und
Kinder zu retten.

UN-Soldaten, ohne entscheidende Befehle,
gescheitert und selbst getötet.
Ein letzter Versuch, um die größte Not zu lindern:
Versorgungsbrücken zu Luft und zu Land –
auch sie scheitern an widerlichen Repressalien der
Befehlshaber.

Eine Stadt schreit ihre Not in die Welt hinaus!
Wieder und wieder scheitert die Diplomatie,
und das Sterben geht weiter. –
Unbeeindruckt zeigen sich die Herren im
Nadelstreifen.

Sie schäumen vor Begierde zur Annexion und
Macht.
Schon tausendmal versprachen sie Waffenruhe
und ließen sich's dabei persönlich wohlergehen;
doch nie hat es zu Hause aufgehört zu brennen.

Ist Sarajevo die Bankrotterklärung jeglicher
Solidarität
oder gibt es noch eine Rettung?
Müssen die Serben mit ihren Herren Radovan
Karadzic und Ratko Mladic
erst gleiches erfahren, wie ihre moslemischen
Brüder?
Hier muss es endlich Hilfe und Frieden geben
ohne den Hass, für ein glückliches Leben.

Serbien 2000

Nun hat es Serbien auch geschafft, -
friedlich und mit Volkes Kraft
ging endlich die verhasste Macht verloren.
Demokratie und Freiheit sind geboren.

Es gratuliert noch keiner gerne,
obwohl die Freude jeder spürt.
Der echte Umbruch liegt noch ferne,
der euch durch Schlamm und Wüste führt.

Es sei die Hilfe euch gewiss,
die aus der freien Welt euch widerfährt,
die euch schon vormals nicht verließ
und euren Beitritt künftig nicht verwehrt.

Die Arbeit, die jetzt folgt ist schwer,
doch sie wird gern geleistet.
Es drückt die alte Faust nicht mehr,
die früher sich so viel erdreistet.

Blockiert die alten Hebel!
Kappt Leitungsnetze alter Zeit!
Schafft freie Sicht, wo dichter Nebel!
Sucht Einigkeit, vermeidet Streit!

Denn hinter all den hohen Mauern
getarnt, doch fest verhaftet alten Mythen,
die alten Unterdrücker lauern
auf Möglichkeiten, die sich bieten.

Baut neue Häuser, Straßen, Brücken
und Bildungsstätte ohne Zahl!
Schließt schnell der Wirtschaft schlimme Lücken!
Nehmt so dem Volk die größte Qual!

Irak vor dem Abgrund

Saddam Hussein, was hast du gemacht?
Du hast deinem Volk den Tod gebracht.

Du glaubtest mit starker Hand dir zu nehmen,
was dir nicht gehört, durch Terror zu zähmen.
Wie hast du dich Saddam so gründlich geirrt;
die Macht hat dir schon lange den Geist verwirrt.
Menschenverächter und Demagogen –
Saddam, wie hast du dein Volk belogen.
Was hast du der ganzen Menschheit getan,
Saddam mit deinem Größenwahn!

Den heiligen Krieg hast du angesagt,
o Saddam, was hast du damit gewagt!
War heilig die Annexion von Kuweit
mit all deinem Morden und allem Leid?
Hast du in deinem Koran je gelesen,
dass Hassen und Morden sind heilige Thesen?
Was kümmert dich die Meinung der Welt?
Du rühmst dich als ein islamischer Held.

Die Diplomatie beschmutzt du mit Hohn,
das beißende Licht der Medien – dein Lohn .
Dein teuflischer Plan nahm Geiseln als Schild;
er passt in dein menschenverachtendes Bild.
Mit Terror werden die Menschen bedroht,
fassungslos traurig in ihrer Not.
Die Stimmen der Völker hast du nicht gehört,
Vertrauen in dich Saddam - für immer zerstört.

Wild speit nun der Drache die Feuerflut;
befohlener Jubel tut jetzt dir noch gut.
Doch wehe, das Blut wird zum Todesstrom
mit islamistischen Wahnsinnssyndrom.

Wenn Bagdad verbrennt mit all seiner Zier,
dann schreien die Frauen und Kinder zu dir.
Wem willst du erklären, was du verbrochen?
Die Toten kannst du nicht mehr unterjochen.
Du scheust nicht den Einsatz von Gift und Pest;
Zerstörung und Sieg – dein tödliches Fest.

Saddam, hast du nicht bei all dem bedacht,
dass du dich zum Todesgräber gemacht?
Für dich und dein Volk droht ein schlimmes Ende.
Das Blut klebt an dir. Es kommt eine Wende!
Und keiner wird jemals dir dankbar sein.
Auch Allah wird dir Saddam nie verzeih´n.
An deinem Grabe wird niemand einst stehen;
deine Asche, sie wird im Wind verwehen.

Zur Biographie des Autors

Wolfram Hahn wurde am 03.Oktober 1935 in Halle/Saale geboren. Er durchlebte also 54 Jahre eine zunächst braune und später rote Diktatur. Seine Einstellung für Freiheit und Menschenrechte, gegen Terror und Gewalt, erklärt seine Betroffenheit und aktive, oft lebensgefährliche Teilnahme in den Zeiten von Volksbewegungen am 17. Juni 1953 und später beim lange ersehnten Berliner Mauerfall mit dem Zusammenbruch der SED-Herrschaft in der DDR.

Schon frühzeitig entdeckte der Autor seine Neigung zur Poesie. Nach zunächst kindlichen Versen, gelangen ihm bald auch erste Veröffentlichungen. Mit gerade vierzehn Jahren schrieb er in sein Tagebuch eines seiner frühen kleinen Gedichte, das zur Sammlung „Aufschrei" passen könnte:

Denke frei und denke wahr
und sprich so wie du denkst!
Doch eines lass dir sage:
Die Welt kann´s nicht vertragen.

Nach seiner Gärtnerlehre studierte der Autor Gartenbau an der Humboldt-Universität zu Berlin, wo er später auch die Möglichkeit zur Promotion erhielt.

Zu allen Zeiten wurde Wolfram Hahn von dem für ihn schmerzhaften Widerspruch zwischen menschlicher Freiheit und der Unterdrückung durch Diktaturen gefangen genommen. Nach der friedlichen Wiedervereinigung unseres Vaterlandes wurden die Kaderakten der Betriebe den betreffenden Bürgern ausgehändigt. Darin war u.a. zu lesen:

Trotz seiner fachlichen Qualitäten und zahlreichen Auszeichnungen, hat Dr. Hahn leider nur einen sehr gedämpften Herzschlag für den Sozialismus.

Im Jahr 1960 heiratete Wolfram Hahn seine frühere, zwei Jahre jüngere Schulfreundin. Seit über 50 Jahren lebt das glückliche Ehepaar in Werder (Havel).

Die schriftstellerischen Arbeiten des Autors erschöpfen sich nicht mit den vorliegenden politischen Gedichten „Aufschrei". Eine große Anzahl lyrischer Werke widmet sich den Menschen, der Schönheit und Verletzbarkeit unserer Natur, deren Veröffentlichung unter dem Titel „Regenbogen" ebenfalls bei tredition GmbH erfolgte.

Inhaltsverzeichnis

Heute und morgen

Braune Diktatur

Rote Diktatur

Wir sind das Volk

Freiheit steckt an

FSC
www.fsc.org

MIX

Papier | Fördert
gute Waldnutzung

FSC® C083411

Zeitfracht Medien GmbH
Ferdinand-Jühlke-Straße 7
99095 Erfurt, Deutschland
produktsicherheit@kolibri360.de